Criterios de informática

Emilio Aguilar Gutiérrez

Contenido

Introducción

El objetivo de este libro es poner de manifiesto ciertas problemáticas que existen, hoy en día, en 2016; en los sistemas informáticos, y en las aplicaciones informáticas que se desarrollan.

A lo largo de este libro, se irán comentando determinados problemas detectados que no han sido suficientemente bien resueltos. Y, en algunos casos, se ofrecerán algunas soluciones para corregirlos.

El lector quedará, por tanto, informado de ciertas alternativas a las que podría recurrir para subsanar los defectos actuales que se indican. Sin embargo, dichas propuestas no serán implementadas. Salvo por medio del trabajo, movido por su deseo y voluntad, de aquellos que estando de acuerdo con los problemas mencionados; consideren que las soluciones propuestas son las más adecuadas.

El libro no pretende cubrir todos los errores que se pueden encontrar en las diferentes aplicaciones, y soluciones informáticas, que existen. Simplemente, se centra en aquellos defectos detectados en las más populares o habituales. Y se extrae, a partir de ellos, un aprendizaje. El cual debe de servir como punto de partida para un mejor desarrollo, y una mejor puesta en común, de los criterios de decisión, a la hora de trabajar con sistemas informáticos.

Los sistemas operativos

En la el año 2016, existe un pequeño conjunto de sistemas operativos que ocupan la gran mayoría de los equipos informáticos. Estos son: Microsoft Windows; OS X; Linux, en sus diferentes distribuciones. Y para tablets, y smartphones, están Android, iPhone OS y Microsoft Windows.

Algo de historia

Los ordenadores personales, en la década de 1980, venían equipados de un sistema operativo conocido como MS DOS. Que tenía una interfaz de línea de comando (CLUI, Command Line User Interface). Poco tiempo después, cobraron popularidad unos sistemas operativos que presentaban interfaz gráfica (GUI, Graphic User Interface). Los sistemas de mayor envergadura, no destinados a la computación personal, tenían sistemas operativos con interfaz de línea de comando (CLUI).

Dicha interfaz de línea de comando obligaba a que el usuario tecleara texto. Que aparecía en la pantalla. Y componía las instrucciones que se deseaba que el ordenador ejecutara.

El principal problema que tiene este tipo de interfaz es su incomodidad de uso. El hecho de tener que escribir los comandos genera una serie de problemas, especialmente, por la continua necesidad de corregir los errores que el usuario comete; tanto de ortografía como de gramática. Pues ese método entrada no es amigable. De modo que es muy habitual que se tenga que repetir un comando, más de una vez, hasta conseguir una sentencia reconocible por el ordenador.

Otro gran inconveniente que tiene este tipo de interfaz, es el hecho de que no ofrece una ayuda eficiente. A la hora de asistir al usuario, cuando necesita información adicional sobre las características del comando que desea teclear. Esto obliga a tener que aprenderse de memoria los nombres de los comandos. Y todas las opciones que podría tener. Lo que es muy complicado, debido a la gran cantidad de ellas; a la gran cantidad de comandos que existen; y a las variaciones entre versiones que presenten. Además del hecho de que se pueden desarrollar nuevas aplicaciones, constantemente, con sus nuevos conjuntos de opciones.

No pasó mucho tiempo hasta que los desarrolladores de sistemas operativos se dieron cuenta del éxito que tenía, entre los usuarios, la interfaz gráfica. La principal razón del mismo estaba en su facilidad de uso. Ya que, al presentar en la pantalla completa; y no en una línea, como el interfaz anterior hacía; los elementos disponibles para que el usuario hiciera uso de los mismos; facilitaba, enormemente, el manejo del ordenador. Pues evitaba tener que memorizar comandos; al encontrarse presentes en la pantalla, a disposición del usuario. Además, el manejo de dichas instrucciones no requería teclearlas. Sino que bastaba con seleccionarlas; utilizando un dispositivo asociado al interfaz gráfico: el ratón. Que permitía mover, en la pantalla, un puntero; para indicar el elemento gráfico que utilizar; y operar con él; bien ejecutándolo, o bien abriendo un menú contextual de opciones.

La popularidad del interfaz gráfico de usuario fue tal; que, con el paso del tiempo, los usuarios, únicamente, demandaban este tipo de interfaz. Y rechazaban el antiguo interfaz de línea de comandos. Sin embargo, por diversos motivos; entre los que se encuentra el alto coste de los sistemas empresariales ya instalados, así como la gran cantidad de software desarrollado para los mismos; los sistemas operativos con interfaz de línea de comando no desaparecieron. Se mantuvieron, en los grandes ordenadores servidores de empresa. Y se desarrolló un sistema en el que el acceso a los mismos, se efectuaba por medio de ordenadores personales con interfaz gráfica de usuario.

Con el paso del tiempo, los sistemas operativos de empresa evolucionaron para utilizar interfaces gráficos. Salvo aquellos que requerían un uso máximo de la potencia de procesamiento del ordenador. En cuyo caso se renunciaba al consumo de recursos que implicaba la utilización del interfaz gráfico.

Uno de los sistemas operativos de grandes máquinas servidoras de empresa: Unix, fue recodificado para servir como sistema operativo de los ordenadores personales. Un primer desarrollo; de software gratuito, basado en Unix, para ordenadores personales; se denominó: Minix. Dicho sistema no ofrecía un buen aprovechamiento del procesador. Ya que no era capaz de ejecutar más de una tarea simultáneamente. Una adaptación, posterior, de Minix dio lugar al sistema operativo: Linux. Este sistema operativo era gratuito. Por lo que se presupuso una gran acogida entre los usuarios de ordenadores, y una máxima distribución. Sin embargo, debido a las dificultades que implicaban tener que hacer uso de su interfaz de línea de comando, fue relegado; produciéndose la enorme expansión de otro sistema operativo: Windows. Que era de pago. Pero que tenía una interfaz de usuario mucho más fácil.

Desarrollos posteriores de Linux le dotaron de un interfaz gráfico de usuario; basada en una plataforma de código básico denominada X-Windows. Que era incompleta. En el sentido de que no cubría todas las necesidades operativas que la interfaz de línea de comando permitía. Por lo que no logró una suficiente satisfacción de los usuarios, en comparación con la del sistema operativo de pago

Con el paso del tiempo, la potencia de los ordenadores personales llego a ser muy superior a la que tenían los primeros sistemas empresariales. Además, incorporaban gran cantidad de periféricos; como tarjetas de red, tarjetas de sonido, módem telefónico, dispositivos de juego, etcétera. Los fabricantes de los dispositivos para los ordenadores debían desarrollar el software necesario para permitir la inter.operatividad con el sistema operativo. Este software se denominaba: driver de dispositivo, o controlador de dispositivo. Y debía ser instalado en el ordenador cuando se instalaba el nuevo componente.

Los fabricantes lo desarrollaban a medida, para los sistemas operativos que pudieran precisarlo. De modo que los driver para Windows fueron los más extendidos. Ya que era el sistema operativo con mayor número de usuarios. Este hecho, perjudicaba notablemente a Linux. Ya que los driver, en muchos casos, no existían para él. Y, en otros, aparecían con bastante retraso. Por otro lado, la empresa Apple construía ordenadores con su sistema operativo propietario de pago. El cual tenía un gran control mayor sobre el hardware de los mismos. Y sus drivers, normalmente, estaban perfectamente integrados con su sistema, presentando menos problemas a los usuarios.

El diseño de un sistema operativo

Los ordenadores se han considerado, desde tiempo atrás, como un conjunto compacto; formado, internamente, por componentes. Que podían instalarse en ranuras específicas, de conexión con el resto de los componentes. Por ese motivo, cada ordenador contenía un conjunto de dispositivos muy variado, y cambiante. Y se necesitaba adecuar el sistema para cada combinación de dispositivos en concreto.

Modernamente, la tendencia de uso de los mismos está cambiando. Y, cada vez es más habitual, que los usuarios reclamen dispositivos móviles; cuanto más fáciles de llevar con la persona, mejor. Por ese motivo, la filosofía del uso del ordenador ha cambia. Y se han desarrollados máquinas virtuales que representan un ordenador. Pero que no están asociadas a sus elementos físicos, sino a un programa de ejecución de dichas máquinas virtuales. La cual conecta los elementos periféricos físicos con los de la máquina virtual.

Esto permite que se pueda transportar una máquina virtual, simplemente, llevando un dispositivo de almacenamiento que la contenga. Y, tras localizar una máquina física, con la aplicación de ejecución de las virtuales, el usuario obtiene todo lo que necesitaba para realizar su trabajo; sin haber tenido que transportar componentes físicos, salvo una unidad de almacenamiento. Como podría ser un lápiz de memoria.

Pero, además, existen otras aproximaciones. La más simple consistiría en transportar una memoria física en la que se encontrara la partición de arranque de un ordenador. Esta partición debería ser genérica, y funcionar para cualquier ordenador con un conjunto mínimo de requisitos.

Bastaría configurar el ordenador que se va a utilizar para arrancarlo sin tener que hacer uso de sus discos internos. Es decir, que sería suficiente con un ordenador sin almacenamiento interno. Y la memoria externa, proporcionada por el usuario, le permitiría utilizarlo.

Por desgracia, la gran mayoría de los sistemas operativos actuales instalan los controladores de periféricos físicos específicos del sistema donde se instalan. Y no están preparados para reaccionar a cambios importantes en los mismos. Además, suelen ocupar mucha memoria, con lo que el almacenamiento externo precisa tener mucha capacidad.

La propuesta de arrancar cualquier ordenador con un sencillo lápiz de memoria USB es factible. Pero está algo restringida, hoy en día. Una solución a este problema pasaría por desarrollar sistemas operativos multiplataforma. Definiendo el conjunto mínimo de dispositivos físicos que necesitarían.

Para que un ordenador así pueda utilizarse, precisa de un conjunto mínimo de elementos: Un procesador, memoria, almacenamiento (interno o externo), una conexión USB de donde pueda arrancar, y una tarjeta de red. También podría arrancarse un ordenador desde la tarjeta de red. Aunque es una solución más compleja que desde un lápiz de memoria USB.

La configuración mínima indicada no presenta interfaz de usuario. Por lo que no se indica que se precisen periféricos como la pantalla, el teclado, o el ratón. Para comunicarse con este ordenador se emplearían los puertos TCP/IP. Y el sistema debería presentar un servidor que los atendiera en un puerto en concertó. Por ejemplo, un servidor Web de aplicaciones podría atender al puerto 80, y presentar así su interfaz con quien que se conectara a él.

El siguiente conjunto mínimo podría ser aquel que permitiera utilizar un teclado, y trabajara con una tarjeta de vídeo básica. En ese caso, los controladores se complican. Por desgracia, existen muchas combinaciones de teclas en un teclado, adaptados para distintos idiomas. Y sería necesario permitir el cambio de idioma, y la configuración del teclado, en cualquier momento. Tal vez en el futuro se desarrolle un único modelo de teclado, mínimo. Que satisfaga a todos los usuarios. Y se unifique en todo el planeta. Pero, además, también hay muchas resoluciones de pantalla posibles, lo que añade necesidades de configuración.

El sistema operativo mínimo debería cumplir con unos pocos requisitos:

- Ser multitarea.
- Ser multiusuario.
- Tener un sistema de archivos con un único punto de inicio, o raíz
  o Y trabajar con un mecanismo de permisos basado en listas de control de usuarios: ACL. De esa manera, se podrían tener dos usuarios administradores del sistema operativo, al menos. Lo que garantizaría que en caso de faltar uno, el otro pudiera asistir. Y también podrían existir dos usuarios administradores,

como mínimo, para otros servicios. Como los servidores de bases de datos, o de aplicaciones Web.

- El sistema operativo estaría ligado a un conjunto físico muy limitado: procesador, memoria, tarjeta de red.
  o En el siguiente nivel, añadir: tarjeta de video y teclado.
  o Y en un tercer nivel: GUI, incluir: ratón o pantalla táctil.

El resto de dispositivos debería poderse manejar por medio de librerías dinámicas, localizadas por medio de un repositorio central, y con un sistema de uso muy simple.

Por ejemplo, la tarjeta de sonido podría estar presente, o no. Si lo estuviera, se definiría en un archivo, en la raíz del sistema de archivos, denominado: 0. Cuyo contenido fuera texto codificado con el juego de caracteres UTF-8. En él se asociarían:

1. El nombre genérico de un dispositivo.
2. Un nombre alternativo con el que se vincula, o la cadena vacía.
   a. Si es el nombre alternativo. Es ese el que guarda el resto de los datos que necesita.
3. La lista de los dispositivos instalados, con el mismo nombre genérico. El primero estaría en el desplazamiento 0 de la lista; el siguiente en el 1; y así sucesivamente. Para cada elemento de esa lista, encontraríamos:
   a. En caso ser la cadena vacía (en el punto 2), le seguirían datos con la información siguiente:
      i. La ruta URI hasta su librería dinámica.
      ii. Una lista de los nombres de las interfaces posibles para manejar la librería. Cada interfaz sería una lista, cuyo formatos sería:
         1. El nombre de la interfaz.
         2. Una lista conteniendo los parámetros comunes de configuración que necesita.
   b. En caso de no ser la cadena vacía (en el punto 2), se ignorarían los campos, por lo que deberían quedar vacíos. Y debe existir una entrada con el nombre indicado en la cadena del punto 2.

Ejemplo del contenido del archivo raíz: /0:

```
{
"sonido":
```

```
"",
[
    [
        "<ruta a la ""librería dinámica o servicio"">",
        [
            [
                "restfull-sonido-id",
                [
                    "<parámetro 1>",
                    "<parámetro 2>"
                ]
            ],
            [
                "API-sonido-id", []
            ]
        ]
    ]
],
"sound":
    "sonido", [[[]]]
}
```

Los nombres de los dispositivos deberían estar en todos los idiomas. Al menos hasta que se universalice el conocimiento del idioma inglés, el español, el espan.es', el esperanto, o de un idioma global pendiente de crearse. Basándose en esta idea, el formato propuesto sería: JSON (preferido frente a XML o a YAML).

Si el interfaz de comunicación con el dispositivo no es conocido, no podría utilizarlo el sistema operativo. Pero, tal vez, otras aplicaciones sí podrían. Todas las librerías de dispositivos físicos deberían ser independientes del sistema operativo, aunque no del procesador. Pues representan una capa de recubrimiento de los elementos físicos. La cual se sitúa entre estos y dicho sistema operativo. Por tanto, el modo de cargar, y ejecutar, estas librerías dinámicas debe ser conocido universalmente.

Una vez que el ordenador arranque desde el sistema mínimo, se podrían ejecutar otras aplicaciones. Aunque lo más adecuado sería que se ejecutara el código que permite ejecutar máquinas virtuales independientes de los dispositivos físicos. Esta virtualización permitiría que el arranque mínimo esté separado de las máquinas virtuales de cada usuario. El primero sería universal. Y la configuración independiente, por máquina física, de la ejecución de las máquinas virtuales las haría mucho más transportables.

Las dependencias

Algunas aplicaciones presentan dependencias; de capas distintas de las que aíslan los componentes físicos, de los códigos de las aplicaciones. Estas dependencias pueden asociarse a partes del código que son compartibles entre muchos programas. Y que, por tanto, resulta conveniente mantener separadas de la aplicación, como si fueran servicios que necesitan y comparten. Tal es el caso de las aplicaciones con interfaz gráfico de usuario, que requieren de gran cantidad de librerías gráficas. Las cuales no tienen relación directa con el sistema físico de la pantalla. Pues están aisladas de él por el sistema operativo.

En ese caso, se deberían diseñar elementos de servicio que resuelvan esa necesidad. Y que sean accesibles de manera independiente del sistema donde se ejecuten. Así, por ejemplo, todo el sistema de ventanas gráficas podría tener una interfaz RESTfull. Que utilizara código HTML para describir su interacción con los servicios de presentación gráfica.

Los proveedores del servicio serían semejantes a los navegadores Web. Pero la comunicación con ellos no precisaría de usar protocolos TCP/IP. Sino que bastaría con que fueran localizados en el archivo: 0, de servicios, en donde se indicara el interfaz, o interfaces, que utilizar con ellos.

De esa manera, tendríamos la localización, por nombre, de las librerías; y el uso de las mismas seguiría una normalización. Donde operaciones como: GET, POST, PUT y DELETE bastarían para definir los elementos gráficos que presentar; pasándolos en HTML, por ejemplo. Sin embargo, en la actualidad, son los sistemas operativos los que controlan las librerías gráficas, generando grandes incompatibilidades entre ellos.

Otro sistema para manejar los complementos que una aplicación necesita, sería mediante diferentes métodos de acceso a los servicios solicitados. Algunos de ellos son: RPC, RMI, ORB, SOAP, AJAX, RESTfull, etc. Todos ellos contemplan distintos modos de descubrimientos, para la localización de esos servicios. Los cuales podrían, también, seguir el sistema del archivo: 0; si se implementaran dentro de sus arquitecturas. A partir de allí, la conexión con ellos podría utilizar puertos TCP/IP, tuberías, colas de mensajes, etc.

La instalación, y el mantenimiento, de las aplicaciones informáticas, dependen, directamente, del de los servicios que utilizan. La problemática del uso de estos sistemas es muy alta; debida, sobre todo, por la falta de definición de las dependencias de cada aplicación.

La portabilidad

El diseño de aplicaciones portables debería ser uno de los principios básicos en el desarrollo de las mismas. Lo cual presenta un problema, en relación con las librerías de las que dependen.

Las aplicaciones deberían instalarse a partir de una carpeta, y solo ocupar subcarpetas, en ella. Indicando, en un archivo denominado: 0.0, en el nivel 1; 0.0.0, en el nivel 2, etc.; las dependencias que tenga; de librerías dinámicas y de servicios. Entonces, habría dos soluciones, para hacer uso de esos elementos:

1. Repetir las librerías que necesita, copiándolas en su carpeta de aplicación.
2. Utilizar las librerías que tiene instaladas el sistema anfitrión; e intentar que el usuario instale, en él, las que le faltan.

En el primer caso, corregir errores en las librerías es complicado, pues hay que reemplazarlas en todas las aplicaciones que tienen copias de ellas. Sin embargo, dañar una librería de este tipo, no afecta a las demás aplicaciones. Y, al haber copias de las mismas, pueden emplearse para reponer el daño producido.

En el segundo caso, se ahorra espacio en el sistema de archivos, y la sustitución de una librería, actualiza a todas las aplicaciones que la utilizan.

De ambas opciones, la primera es más adecuada; en función a ciertos criterios.

1. El primero hace referencia al hecho de que cuando se instala una aplicación, esta debe cumplir con sus expectativas. Suponer que va a fallar, es una concesión a los desarrolladores que no les beneficia. Pues les permite descuidar su trabajo.
2. El segundo hace referencia al hecho de que la portabilidad tiene más importancia que la ocupación de espacio de almacenamientos. Pues poder utilizar una aplicación en otro ordenador es una exigencia deseable para sus poseedores. Y tener que recopilar todas las dependencias de un programa;

para, luego, instalarlas en las rutas que el otro ordenador precise, es una incomodidad enorme. Que puede evitarse fácilmente, aplicando una política de carpeta única por aplicación. Salvo las excepciones; que se deban respetar por tratarse de servicios que claramente deben compartirse, como el gestor de bases de datos; los servidores de aplicaciones; de seguridad; etc. Para cuyos casos, el archivo 0.0; y sucesivos, para las sub.aplicaciones: 0.0.0, etc.; deben dar información precisa de aquellas dependencias que no están en su carpeta de instalación, el modo de resolverlas, y el interfaz de manejo de las mismas.

La seguridad

Un sistema informático tiene la capacidad de almacenar enormes cantidades de información. La cual debe ser protegida. De modo que solo el usuario qué es propietario de la misma, debe de ser quien se encargue de gestionarla.

Los primeros ordenadores personales estaban pensados para ser utilizados exclusivamente por un único usuario. Que era el que tenía todo el control. Posteriormente, estos sistemas empezaron a incorporar la posibilidad de que varios usuarios compartieran el mismo. Lo que tuvo, como consecuencia, la necesidad de desarrollar un sistema de permisos que permitiera gestionar las capacidades que el propio usuario se concedía sobre esa información. Y la que concedía a otros usuarios y grupos de usuarios.

Los sistemas multiusuarios precisaban de un rol específico, correspondiente con el de administrador; y de roles secundarios y sus diferentes permisos. Dichos usuarios podían agruparse para gestionar mejor sus permisos. Ya que se referían al conjunto del grupo, y no de manera individual.

Debido a la evolución de los sistemas individuales, a los sistemas multiusuarios, en los ordenadores personales; se optó por que el usuario principal fuera, siempre, un usuario administrador, en el caso de los sistemas Windows. Y se optó por que no fuera administrador, en caso de los sistemas Linux.

La primera opción tuvo, como consecuencia positiva, una gran comodidad para el usuario. Ya que no tenía que controlar los permisos particulares. Pues poseía todos, al ser administrador. Sin embargo, tenía, como consecuencia negativa, que el software que se utilizaba podía tomar el control de la máquina; dando lugar a la instalación, sin conocimiento del instalador, de programas que eran dañinos. Como, por ejemplo, los denominados: virus. La segunda opción permitió el manejo de la información, y de los programas, exclusivos de los usuarios. Pero daba problemas cuando debían compartir cualquier cosa. Sin embargo, protegía la manipulación dañina del sistema en su conjunto. Desafortunadamente, se hizo tan habitual tener que optar, por parte del usuario, a asumir el rol de administrador; que el resultado no fue tan positivo como debería. Se consiguió aumentar el nivel de control. Pero terminaba dándose la circunstancia de que muchos programas debían instalarse con el permiso de administrador. Con lo que el riesgo de instalar elementos dañinos acababa permitiéndose, en esos casos, de la misma manera que en la solución anterior.

La organización del sistema de archivos

La organización, que el sistema de archivos realiza de los mismos, es mediante carpetas. Un sistema jerárquico semejante a las categorías y las subcategorías.

Sin embargo, este sistema es ineficiente. Ya que, en muchas ocasiones, el usuario entra en carpetas que no contienen el elemento buscado, lo que da lugar a una gran pérdida de tiempo, para regresar y entrar en otra carpeta. También ocurre que, en muchas ocasiones, surgen dudas sobre en qué nombre de carpeta clasificar las cosas. Ya que los archivos pueden corresponderse con más de un criterio de categorización.

Para resolver este problema se desarrollaron los enlaces, accesos directos, o atajos. Que permitían acceder a elementos sin seguir la ruta de acceso jerárquica que el sistema de carpetas definía. Esta solución no corrige totalmente el problema. Solo habría caminos paralelos para localizar archivos y carpetas.

En general, las clasificaciones mediante categorías, y subcategorías, tienen como problema principal el desconocimiento del usuario de la organización de todo el árbol construido. Por lo que debe realizar una exploración, en cierta manera, a ciegas; para encontrar lo que busca. O guiándose solo por lo que el nombre de las carpetas le sugiere.

Otra solución, informáticamente más eficiente, es el uso de buscadores de texto. Que localicen los elementos mediante las etiquetas que tienen asignadas, o buscando palabras sueltas en sus nombres descriptivos. Sin embargo, esta posibilidad es menos completa que si usáramos la búsqueda de texto libre. Ya que incluiría cualquier palabra; sea etiqueta, o no. Y la buscaría en diferentes elementos; bien el nombre descriptivo, o bien el propio contenido textual del elemento buscado.

Sería muy recomendable la inclusión, en los sistemas operativos, de herramientas para la definición de los archivos con el uso de etiquetas libres. Y el uso de buscadores de texto libre, o con expresiones regulares, para los archivos que contengan texto.

Los devoradores de recursos

Los sistemas operativos se han convertido en unos devoradores de memoria, y de recursos. Algo que es lo contrario, de lo que tendría que suceder. Pues deberían liberar al máximo las capacidades de los sistemas físicos. Para que las aplicaciones pudieran disponer de ellas

Por ese motivo, debería producirse una nueva generación de sistemas operativos; cambiando la filosofía de los mismos. De modo que contengan el conjunto mínimo necesario para que el sistema interactúe con el hardware. Es decir, en su mínima versión:

- Con los sistemas de almacenamiento permanente.
- Con la memoria.
- Con las tarjetas de red.

En ese caso, el sistema no tendría hardware de interfaz con los seres humanos. Y se comunicarían con los puertos, por medio de la red.

Si se les desea dotar de interacción con los usuarios, deberían añadir algo más de hardware:

- Sistema de vídeo básico, y pantalla.
- Periférico de introducción de órdenes, como es el teclado.

Para interacción mediante interfaces gráficos, se tendrían que añadir:

- Sistema de vídeo gráfico, y pantalla.

- Periférico de introducción de órdenes bidimensional, como es el ratón, o la pantalla táctil.

Otros elementos serían aquellos especializados para utilizaciones concretas. Por ejemplo, el uso multimedia incluiría sistemas de audio. Y podrían añadirse otros periféricos, como son: el sistema de posicionamiento global: GPS; la cámara de video, o de fotografía; el osciloscopio; el analizador de luz; el lector de huellas dactilares, o del iris; o impresoras, escáneres, faz, modem, etc.

Las librerías dinámicas

Si se definiera el sistema operativo mínimo. A continuación, habría que trabajar sobre cómo incrementar su funcionalidad. Para permitirle trabajar con más, y más, periféricos. Pues un ordenador no solo puede procesar datos. Sino que, también, puede comunicarse con dispositivos que realicen actividades físicas.

La extensión de los ordenadores se realiza mediante los controladores de dispositivo; también conocidos como: driver. Pero, actualmente, estos elementos son manejados por los sistemas operativos. Y no son accesibles por la mayoría de las aplicaciones.

Además, es controlador de cada periférico es particular de cada fabricante. Y puede presentar características que los demás, de la misma categoría, no tienen. Por lo que una aplicación podría depender de un elemento físico, totalmente, y no ser operativa; si el mismo no estuviera presente.

El acceso a los dispositivos adicionales de un sistema operativo debería quedar fuera del control del sistema operativo. Y ser accesibles de manera libre para las aplicaciones.

Se necesitaría la existencia de un repositorio central. En la raíz del sistema de archivos de la máquina donde se ejecuta la aplicación. Este elemento podría ser tan sencillo como el archivo de texto: 0, ya descrito. Y en él se indicarían los dispositivos existentes, con todos sus nombres; la localización de la librería que los puede manejar; la interfaz, o interfaces, y los parámetros de configuración, que utilizar con ellos. Si hubiera más de un dispositivo con el mismo nombre. Se seleccionaría uno cualquiera de ellos. O se utilizaría otro método; como indicarlo en el nombre del dispositivo, tras un guion bajo. Por ejemplo: "sonido_0".

Un sistema operativo mínimo

El sistema operativo ideal debería realizar un conjunto mínimo de funciones. Las cuales se corresponderían con facilitar la interacción con todos los periféricos a través de librerías; y la interacción con el usuario, a través de un lenguaje de programación de alto nivel. El cual le permitiría trabajar con las librerías que gestionan los periféricos.

Este sistema operativo tendría, como objetivo fundamental, ofrecer el máximo rendimiento; y la posibilidad de expandirse, añadiendo periféricos, sin necesidad de reemplazar ninguno de sus componentes básicos anteriores.

Los elementos más importantes, serían gestionados por él. Dentro de los que se incluiría: el acceso a la memoria gráfica, el acceso a la memoria de almacenamiento, y el acceso a los sistemas de comunicación de red. Así como a los periféricos de comunicación con el usuario. Como son el teclado, el ratón, la pantalla táctil, y otros.

Respecto a los dispositivos de interacción con el usuario, el interfaz de usuario; tanto gráfico, como de consola de texto; no debería formar parte del núcleo principal del sistema operativo. Sino implementarse como un servicio para las aplicaciones, mediante las librerías oportunas.

La característica más importante, de la capa de presentación de la interfaz de usuario, debería consistir en cumplir con las definiciones incluidas dentro del formato de presentación web: HTML. Incluyendo la posibilidad de capturar datos del usuario mediante formularios. Así como la de realizar presentaciones de contenido multimedia. A esto, habría que añadirle capacidades para la realización de gráficos; y la posibilidad de que los elementos multimedia interactúen con el usuario. Todo ello, por medio de librerías que se podrían manejar mediante programas; utilizando lenguajes accesibles para el ser humano, y normalizados.

El elemento principal de uso del sistema operativo, por parte del usuario, debería consistir en un entorno de desarrollo completo. Que incluyera, al menos: un editor de texto; un compilador; un depurador; una ventana para la exploración del sistema de archivos; una ventana para la obtención de mensajes de las aplicaciones; y elementos para proceder a la ejecución de los códigos programados, bien en modo normal, o bien en modo de depuración.

Todas las aplicaciones que se entregaran al usuario, deberían incluir su código fuente; y el proyecto para su generación, comprensible por el entorno de desarrollo estándar del sistema operativo; para poder proceder a la ejecución desde él, si fuera necesario; e incluso para depurar, y corregir, posibles errores.

Los lenguajes de programación que manejaran el entorno de desarrollo del sistema operativo, deberían ser; o bien interpretados, o con máquina virtual; o bien capaces de generar código objeto, ejecutable directamente por el procesador.

Esto obligaría a la utilización de lenguajes de programación como: Java, PHP, Perl, Python, JavaScript, Groovy, Ruby, etcétera; y cómo C, C++, Objetive-C, Swift, etcétera.

Para que el usuario solo tenga que manejar un único lenguaje de programación, se debería utilizar uno que fuera capaz de generar código para los demás. Tal es el caso del lenguaje Epi, en fase de desarrollo. Sin embargo, para la depuración deberían seguirse empleando las herramientas de los demás lenguajes.

El sistema operativo ideal debería ser multitarea. Y permitiría conocer, en todo momento, la lista de programas en ejecución; permitiendo acceder a su configuración, a su registro de errores; y pudiendo detenerlos, pausarlos, reiniciarlos, e iniciarlos.

Debe ser multiusuario; y controlar el acceso a los recursos mediante listas de control de acceso: ACL. Sin embargo, en él no existiría el concepto de escritorio; ni la opción de personalización del sistema para cada usuario. Esto tiene sentido ya que su objetivo es cubrir una funcionalidad mínima. Y otras aplicaciones serían las que se encargarían de especializarlo.

El entorno de desarrollo que serviría de interfaz de usuario debería ser multi.documento y multi.proyecto. Y debería poder trabajar con varios lenguajes de programación, como elementos de base; y con el lenguaje de programación común para la comunicación con el usuario: HTML junto con CSS. Aunque también podría permitir la interacción con los otros lenguajes.

El sistema operativo tendría, en lugar del escritorio tradicional, el entorno de desarrollo. Y desde él gestionaría todas las demás aplicaciones. Y poseería algunas aplicaciones que son imprescindibles. Estas, se entregarían con su código fuente. Las más importantes permitirían la configuración de los dispositivos básicos. Como son: la definición del sistema de archivos: hacer particiones, formatear, generar sistemas de arranque, etc.; la configuración de la pantalla, el número de pantallas; el idioma del teclado; las características del ratón; la configuración de la tarjeta de red; la conexión de la tarjeta wi-fi; y la conexión mediante USB con dispositivos de almacenamiento. También incorporaría elementos de control del sonido, y de conexión de monitores externos. Y permitiría las operaciones de alta, baja, y configuración, de los usuarios; y la gestión de los permisos, sobre los elementos almacenados en el sistema de archivos.

El sistema sería multi.idioma. Por lo que cada configuración local, y de idioma, se definiría de manera general, y para cada usuario.

En general, dicho sistema operativo sería, tan flexible, que bastaría con añadir nuevas librerías para ofrecer accesos a nuevas funcionalidades. Y para configurar los nuevos elementos; tanto de manera general, como de manera particular para cada usuario, se emplearían archivos de texto. Y existiría un archivo, denominado: /0, el cual contendría la asociación entre los nombres de los servicios, y los puertos que utilizan. Y se consideraría un error que otras aplicaciones utilizarán el mismo puerto, simultáneamente.

Para evitar los problemas que causaran los comportamientos malintencionados, el sistema debería tener un repositorio central oficial; con el código fuente de todas las aplicaciones. Esto se gestionaría mediante un sistema de control de versiones; como se hace con: Git. De modo que, el usuario, podría comparar la versión suya; con la versión local, última; para ver si han habido cambios; y deshacerlos, al sincronizarse con la versión almacenada en el repositorio global. De esta manera, cualquier alteración en el código sería detectable.

Respecto a la instalación de servidores en el sistema operativo; por defecto, tendría todos los puertos cerrados, de entrada. Y se incluiría una aplicación específica para abrirlos y cerrarlos.

La protección de los sistemas

Respecto a aspectos de seguridad, en los sistemas informáticos; es muy importante proteger todos sus elementos. Por lo que, el primer aspecto a proteger, es el acceso físico al sistema. Mediante llaves y puertas de seguridad físicas. Luego está la protección del acceso a la máquina, en el arranque; mediante contraseña en la BIOS. Lo ideal es que existan dos responsables de la máquina, con dos contraseñas de BIOS. Y que ambos puedan cambiar la contraseña del otro. Para que, en caso de olvido, se pueda reiniciar la contraseña de uno, con la ayuda del otro. A continuación, se encuentra la seguridad del sistema operativo. Para la que debería haber dos administradores, super.usuarios, por el mismo motivo.

Posteriormente, pasamos a la seguridad del sistema de archivos. Donde, al menos, debería poder haber dos usuarios propietarios para cada archivo. Y podría tener dos grupos propietarios. Por lo que se precisa un sistema de control de accesos: ACL. El sistema de archivos estándar de Linux no es satisfactorio en ese aspecto.

Además, todos los accesos por contraseña deben tener limitado el número de intentos permitidos para superarlo; y establecer un tiempo de penalización, de diez minutos, al menos, tras tres intentos fallidos; por ejemplo. Es importante que, para una máxima seguridad, se apliquen técnicas que permitan diferenciar si, quien introduce la contraseña es un robot, o una persona. Lo que se conoce como: CAPTCHA.

La zona de intercambio

Los sistemas operativos se encargan de cargar las aplicaciones en memoria, y en gestionar sus necesidades de memoria. En el pasado, la memoria era escasa y de un elevado coste, en comparación con el coste del almacenamiento permanente de los discos duros. Y se desarrolló un sistema de paginación de memoria que permitía descargar parte de la zona ocupada de la memoria en el almacenamiento del disco duro. En unos archivos especiales, o en unas particiones del disco duro especiales; denominadas de intercambio o "swap".

El uso de la zona de intercambio debería producirse cuando existen demandas de memoria que el sistema operativo no puede satisfacer. En ese momento, descarga las páginas de aquellos programas menos utilizados. Y, así, abre espacio para las nuevas necesidades de memoria.

Esta operativa, resulta ineficiente, y debería eliminarse. Ya que obliga a recopilar estadísticas de uso de los programas, que consumen recursos. Implica la creación de mapas de páginas en memoria y descargadas a la zona de intercambio. Y genera trasiego de páginas.

Es decir, que el movimiento de una página de un lugar a otro, consume tiempo y recursos. Además, si las zonas descargadas son demandadas, se produce el trasiego en el sentido inverso. Al final, un sistema puede estar tan ocupado haciendo trasiegos, que el sistema no tenga tiempo para atender a las necesidades del usuario, o de las aplicaciones que no se han movido de la memoria.

La zona de intercambio aporta un aumento de memoria que no es real. Pues en esa zona no es posible ejecutar código, ni manejar datos. Además carga al sistema operativo de procedimientos adicionales. En cuanto al rendimiento; puede ralentizar mucho el sistema, si el trasiego toma demasiada relevancia.

El principio que se debería seguir en el uso de la memoria sería sencillo: **Los recursos son finitos, y cuando se agotan, deben notificarse a los gestores de nivel superior, para que tomen decisiones al respecto.** De modo que, cuando una aplicación no se puede cargar en memoria, se le debería indicar a quien la lanza: usuario o aplicación. Si un programa quiere reservar nueva memoria, y no puede, debería recibir una notificación al respecto, y el programa decidiría si esperar, enviar una notificación a su gestor de nivel superior, finalizar como si fuera incapaz de resolver esa situación, etc.

El área de intercambio genera una sensación irreal, en cuanto a la capacidad de la memoria. Y causa diferencias importantes en el rendimiento del sistema que genera incertidumbre. Su desaparición daría más garantías en cuanto al rendimiento de las aplicaciones. Y podría facilitar que el administrador gestionara mejor el uso del ordenador.

La creación de un sistema operativo de entorno de desarrollo

Una aproximación sobre cómo crear el sistema operativo, partiendo de los que ya existen; sería empleando como base el kernel de Linux. Eliminando el interfaz de línea de comando, y todos sus programas; eliminando también el sistema de permisos, por defecto, y definiendo un sistema con lista de control de accesos: ACL.

Tendrían un usuario administrador: root, con el que se crearía los demás usuarios; todos ellos utilizarían directamente un entorno de desarrollo como pueda ser NetBeans; preparado para trabajar con

Java y con C/C++. En lugar de utilizar un intérprete de comandos (Shell), como: bash.

El escritorio de un posible gestor de ventanas, no sería accesible nunca. Por lo que se simplifica, al máximo; o se elimina, si es posible. De modo que, todo el acceso a archivos y programas, se realiza a través del entorno de desarrollo; o a través de los programas que ejecuta el propio entorno.

Estos programas tendrían una interfaz de usuario gráfica; utilizando el lenguaje HTML, para especificar su presentación. Y se ejecutaría dentro de ventanas con las mismas capacidades de presentación que un navegador web. Pero que ejecutaría el código de librerías locales. Por tanto no precisa de servidores Web, ni del uso de comunicaciones TCP/IP.

La creación de un sistema operativo amigable para los usuarios

Si no ponemos en lugar de los usuarios más inexpertos, el diseño de un sistema operativo debería cumplir ciertas características:

- Ser portable: De manera que con un disco duro externo, una memoria USB, o un CD-DVD; se pueda arrancar un ordenador, tan solo con cumplir con que el procesador sea compatible con él.
  - o El resto de los dispositivos deben tener una configuración mínima universal.
  - o A partir de ella, se pueden realizar adaptaciones para su mejor aprovechamiento, mediante asistentes; y almacenando las adaptaciones, para esa configuración optimizada, en medios de almacenamiento permanentes, si es posible.
- Ser multi.tarea.
- Ser multi.usuario. Con distintos tipos de usuario:
  - o super.usuario, administrador.
  - o usuario con permiso de administrador.
  - o usuario normal, sin permiso de administrador.
  - o usuario invitado, que no puede cambiar nada en el sistema, o que todo queda igual a como estaba cuando inició su sesión, al cerrarla, pero que se le

permite utilizar dispositivos de almacenamiento externos.

- Tener un sistema de protección de acceso; con usuario y contraseña, y que tras ciertos intentos fallidos, por ejemplo 5, se obligue a la esperar un tiempo, por ejemplo, 15 minutos.

- Emplear un mecanismo de permisos, sobre los recursos, por listas de control de acceso ACL.

- Ser multi.idioma, por usuario, más los localismos. Por lo que el sistema de traducción debe encontrarse en repositorios comunes para todas las aplicaciones. Pudiendo hacer traducciones de cualquier texto.

- Ser multi.dispositivo: ordenadores, tablets, teléfonos inteligentes, etc.

- Ser multi.ventana: Tanto en ventanas apiladas en profundidad, de distintos tamaños; como con ventanas visibles en divisiones fijas de la pantalla, en dos partes, tres, cuatro, etc.

- Tener todas las herramientas de manejo del sistema operativo en aplicaciones de interfaz GUI.

- Presentar una interfaz manejable solo por teclado; o solo por ratón, y teclado virtual; o por ambos. Y permitir sustitutos del ratón, como las pantallas táctiles, o las tabletas digitalizadoras. Con el uso de teclados, y combinaciones de teclas, universales (como se proponen en este libro).

- Utilizar HTML para definir los interfaces gráficos.

- Presentar controles independientes del tamaño de la pantalla y de los elementos que contienen. Es decir, que un botón que presenta un texto muy grande, permita que se pueda hacer rolar; que la pantalla visible presente mecanismos de desplazamiento, para visualizar todo el contenido.

- Incorporar mecanismos de navegación por árboles de nodos, o por grafos; y búsqueda por texto libre; para localizar programas, archivos, documentación, etc.

- Que no tenga archivos ocultos, ni elementos ejecutándose de fondo. Es decir, que el usuario sepa en todo momento qué es lo que está ocurriendo en su ordenador. Y que no se oculten detalles necesarios, como la extensión de los archivos.

- Permitir la instalación, y desinstalación, de nuevos elementos fácilmente. Sabiendo las carpetas que eliminar; cuáles son de datos y cuáles de programas; las dependencias de otros programas, y cuándo esos programas no los necesitan más.

• Que sea sencillo de aprender a utilizar. Es decir, que sea lo más intuitivo posible.

• Ofrecer ayudas para mejorar el uso del mismo. Avisando de las acciones que pueden poner el riesgo el sistema; como, por ejemplo, cuando la instalación de programas como super.usuario, o administrador, puede permitir que entren programas maliciosos. Especialmente en el caso de aplicaciones que abran puertos.

• Emplear programas portables, multiplataforma, de licencia dual: libre, sin garantía; o de pago, con garantía. Con libertad de copia, y con código fuente abierto.

Problemas de los sistemas operativos

Los constantes cambios entre versiones

El sistema operativo personal más extendido, a nivel mundial, ha ido evolucionando; realizando grandes cambios en la interfaz gráfica con la que se comunicaba con el usuario. Muchos de los cambios introducidos han supuesto un beneficio, desde el punto de vista de la facilidad de uso. Como pueden haber sido la barra de tareas, el menú de inicio, o el menú contextual. Sin embargo, otros cambios no han obedecido a la usabilidad. Sino que han estado orientados hacia el atractivo visual.

El uso de los colores, y las transparencias; la incorporación de sonido; y de las animaciones; no han aportado nada, desde el punto de vista de la comodidad. Y han supuesto un consumo superior de los recursos del ordenador; en cuanto al tiempo de ejecución, y en las necesidades de memoria. Lo que ha obligado al usuario, en muchos casos, a tener que adaptarse a unos cambios que no le aportaban nada en el aspecto práctico, solo en el aspecto estético. Lo cual, siempre, está sujeto a una valoración subjetiva. En referencia a si han sido beneficiosos o no.

Los últimos cambios, en la interfaz de usuario del sistema operativo Windows, han incorporado una adaptación que permitía funcionar más cómodamente en dispositivos como los teléfonos móviles, y las tablets. Sin embargo, también ha supuesto un gran cambio para los usuarios de los ordenadores personales, habituados a la interfaz anterior.

El problema, que supone que un cambio de interfaz obligue al usuario a tener que volver a aprender aquellas cosas que ya sabía hacer con el ordenador; causa un grave inconveniente. Y deberíamos evitar que se repita en el futuro.

El registro de configuración

Otro error, grave, es cambiar el lugar donde se almacenan los datos, y los programas, que el usuario utilizaba en las versiones anteriores del sistema operativo. Tal fue lo que sucedió en un cambio realizado en el pasado, que dio lugar a la creación de un registro central de configuración. Donde las aplicaciones guardarían su información, y de una manera poco comprensible por el usuario. Lo que causó que estas dejaran de ser portables de una máquina a otra.

La extensión

También hay que señalar que, en algunos cambios de versión de algún sistema operativo, se optó por asumir que el usuario tenía un desconocimiento del ordenador; inferior al que en realidad tenía; o al era capaz de obtener, rápidamente. Así, por ejemplo, se decidió que la extensión de los archivos no debería ser visible. Ya que cambiar la extensión podía hacer que el archivo dejara de ser ejecutable, o de ser manejable por los programas que para los que estaba destinado.

Sin embargo, al eliminar la visión de la extensión del archivo. Al usuario se le imposibilita conocer el tipo de archivo que está manejando. Y debe, entonces, recurrir a la propuesta, del propio sistema, para hacer uso del mismo. Lo cual limita sus posibilidades de uso, a un sub.conjunto de todos los usos posibles.

Resumiendo, conocer la extensión es un beneficio; del que se privó al usuario; suponiendo que no sabría hacer uso del mismo. Eliminar la vista de la extensión causó que, al no conocerse fácilmente el tipo de archivo, no se pudieran saber; si determinadas aplicaciones lo podían utilizar, o no. Por este motivo hay que considerar como un grave error haber eliminado el uso, conocimiento, y acceso, a la misma. En el futuro, debería mantenerse, y ser visible, en todo momento; pero informando al usuario del peligro que supondría modificarla.

Los archivos ocultos

Por el mismo motivo que en el caso de la presentación de la extensión de los archivos, la existencia de archivos ocultos; algo que ocurre en todos los sistemas operativos; es una equivocación. Ya que se impide al usuario administrador, y al usuario normal, tener una visión completa de los elementos que están instalados en el ordenador; exigiendo que se realicen operaciones adicionales para ver algo a lo que tienen derecho de ver, por su condición. Por tanto, los archivos no deben de estar ocultos. Y, en todo caso, se debería informar al usuario cuando tienen una condición especial. Para que sea consciente de que su modificación, o eliminación, puede tener unas consecuencias muy particulares, respecto a las de los otros archivos.

Debido a los problemas de provoca la manipulación de los archivos que realizan los programas de ordenador, sin conocimiento de los usuarios. Algunos están protegidos de manera especial. Y existen copias de seguridad para restaurarlos, en caso de que hayan sido alterados sin que el propio sistema operativo haya realizado ese cambio. Esta práctica es muy recomendable. Pero la ocultación; tanto de las copias de restauración, como de los archivos susceptibles a este tipo de control específico; no debe de practicarse. Sino que todos los archivos deben ser visibles. Aunque para algunos se exija la introducción de la contraseña de administrador para su manipulación. De esta manera, el usuario adquiere una conciencia mayor de los conceptos del propio sistema operativo. Lo cual redunda en un mejor conocimiento en las tecnologías de información.

Los sistemas operativos devoradores de recursos

Los primeros ordenadores personales necesitaban menos de un megabyte de memoria. Y eran capaces de ofrecer resultados satisfactorios. Con la evolución de las tecnologías informáticas los interfaces gráficos, y el uso de la multitarea, empezaron a requerir cada vez mayores cantidades de memoria; y cada vez dispositivos de imagen más evolucionados. Lo que condujo a un rendimiento, obtenido de los procesadores, que, a pesar de ser muchísimo más rápidos y capaces, no ofrecía los resultados esperados. En el tiempo que correspondería con la potencia de los mismos, en relación con el tiempo de respuesta que ofrecían los ordenadores de menor potencia;

anteriores a ellos, y utilizando el sistema operativo de las versiones anteriores.

La explicación del problema del tiempo de respuesta, se justifica, en cierta medida, debido al enorme esfuerzo de procesamiento que hacen los sistemas operativos para ofrecer resultados al usuario. De modo que perjudican el tiempo de respuesta de los programas que el usuario emplea para su trabajo; para favorecer aspectos como la presentación; o la ejecución de rutinas en segundo plano. Que no han sido lanzadas por el usuario. Sino que son servicios que el sistema operativo gestiona; sin saberlo los usuarios, excepto por aquellos que tienen conocimientos muy avanzados.

El bajo rendimiento de los ordenadores produce en los usuarios una sensación de poca eficacia. De la que, por desgracia, acusan directamente a una descompensación entre las necesidades del hardware, las que el sistema operativo requiere; y la que los componentes, que el equipo utiliza, presentan.

Sin embargo, la realidad es que la mayoría de los sistemas no están diseñados para optimizar recursos. Sino, más bien, para todo lo contrario. Lo cual da lugar a un sobre.uso de los mismos. Esto aumenta el coste de adquisición de la potencia de cálculo, por parte del usuario. Pero beneficia a las industrias de producción de dispositivos de computación como pueden ser: la memoria, los discos duros, las tarjetas gráficas, las tarjetas de sonido, etc.

La solución del bajo rendimiento de los sistemas; especialmente en comparación con el rendimiento de los sistemas previos, antes de la salida de las nuevas versiones de esos sistemas operativos; pasaría por definir, de una manera clara, cuáles son los requisitos de eficiencia que el usuario necesita. Y cuáles son los requisitos estéticos que el usuario desea pero que podría estar dispuesto a sacrificar; si, a cambio, obtiene un rendimiento mejor.

De esta forma, se definirían sistemas que ofrecerían el máximo rendimiento, en detrimento de la estética. Pero, también, podría darse la circunstancia de que, voluntariamente, el usuario decidiera tener un interfaz mucho más agradable estéticamente. Y, a cambio de ello, aceptara una baja capacidad de procesamiento; en relación con la opción de tener una interfaz de mucho menor consumo de recursos.

Aun así, el problema es más complejo de lo que parece. Pues un interfaz de usuario incómodo, da lugar a la pérdida de mucho tiempo;

a la hora de transferirle datos, o instrucciones, a las aplicaciones. Y eso causa un detrimento de la productividad. Lo que se traduce en pérdida de potencia de ejecución, considerando al conjunto usuario-ordenador.

De modo que, por ejemplo, el uso de un procesador de texto que requiera de cuatro combinaciones de órdenes para poner la letra en negrita, sería muy perjudicial; en comparación con el que solo necesitara dos. De modo que los segundos perdidos en un caso, frente al otro; a lo largo de muchos días de uso, ocasionaría una penalización muy grande. Sin duda que ese es uno de los motivos fundamentales por el que los interfaces de usuario de línea de comando son los menos deseados por los usuarios. Pues deben memorizar las ordenes, o perder tiempo consultándolas. Y, además, el tiempo de escritura es mucho mayor que si se seleccionara y ejecutara desde un control de usuario de interfaz gráfico.

Por tanto, se deben considerar aspectos de usabilidad a los que no se pueden renunciar. Aunque, otros sí que son eliminables. Como son los degradados; las transparencias de los colores; los iconos, o imágenes de difícil representación; las animaciones; etc.

La pérdida de control sobre las ejecuciones de programas gestionados por el sistema operativo

De dos máquinas idénticas, con el mismo sistema operativo, pueden observarse una gran diferencia en su rendimiento; simplemente, por la configuración que se realice del sistema, en una u otra. Esto significa que, para un usuario inexperto, le puede resultar muy perjudicial que el sistema tome las decisiones de ejecutar algunos programas de trasfondo. Sin que él tenga conocimiento de ello.

Estos servicios pueden ser configurados, además de por el sistema operativo, por los procesos de instalación de determinadas aplicaciones; y hacer que se ejecutan como servicios, y que se arranquen al iniciar sistema. Esto es posible porque se habrán instalado con los permisos del usuario administrador. En la confianza de que, el perjuicio que causarían al sistema, no sería excesivo.

Sin embargo, es normal encontrar sistemas personales donde el usuario se desentiende del consumo de tiempo de procesamiento, memoria, y otros recursos; de estos programas. Que se lanzan al iniciar el programa. Que se ejecutan en el trasfondo, sin su conocimiento explícito. Y que merman gran parte de las capacidades de su máquina.

Para resolver este problema, no debería existir el concepto de "ejecución de trasfondo". Sino que **todos los programas deberían ofrecer una interfaz de usuario visible**, que pusiera de manifiesto que está funcionando. Para que, siendo consciente de este hecho, el usuario pudiera detenerlos a su voluntad.

Dicha ventana de ejecución podría ser muy sencilla; simplemente, ofreciendo información acerca del estado de su ejecución. Podría mostrar los mensajes de error que se estuvieran produciendo, y dar acceso a las opciones de detención, de reinicio, o de arranque, de los mismos.

Los sistemas operativos no deben permitir instalaciones de aplicaciones que ocupen más de un directorio

Cuando en un sistema operativo se realiza la instalación de una aplicación, es necesario conceder prácticamente los máximos derechos, en muchos casos. En el momento en que se le dan estos derechos, el procedimiento de instalación de la aplicación toma el control del sistema. Y puede manipularlo como desee. Esta circunstancia es muy peligrosa. Y, sin embargo, se puede producir actualmente sin demasiados problemas.

Para resolver esta circunstancia, la instalación de los programas debería realizarse siempre dentro de una carpeta; dando acceso a la organización en sub.carpetas, pero sin permitir que cada aplicación salga del alcance de esa carpeta; para escribir, o modificar, lo que exista fuera de ella.

La instalación en carpeta única facilitaría la desinstalación de las aplicaciones. Pues bastaría con eliminarla. Y aquellas carpetas, que tendrían el mismo nombre, destinadas a los datos que maneja, y a los resultados que almacenara; tanto para cada usuario, como compartidos.

La falta de información de los programas que se instalan

Otro problema habitual, en la instalación de programas, consiste en el hecho de que, en su documentación, no se destaca, en excesivo, la información necesaria para que el usuario conozca, exactamente, cuál es la implicación que la ejecución de ese programa tiene sobre el sistema de archivos, la memoria, y los dispositivos de ese ordenador.

Así pues, ocurre, muy habitualmente, que el usuario renuncia a consultar la documentación. Pues asume que la interfaz de usuario es tan sencilla que no le hace falta tener un conocimiento avanzado, o el estudio de las instrucciones para su manejo, acerca de esa aplicación. Sin embargo, existen algunos elementos que son importantes. Y que son ignorados. Por este motivo, o por la falta de la documentación al respecto, no se atiende a ciertos problemas que pueden causar.

Un claro ejemplo lo tenemos con los archivos de registro, o "log". Donde una aplicación puede escribir información que resultaría útil para el usuario. Pero que suele no ser consultada nunca; debido a la falta de conocimiento de ello. Por otro lado, estos archivos de "log", además de no ser útiles; por llegarse a conocer, o utilizar, adecuadamente; están consumiendo espacio en el disco duro del ordenador. Y pueden acabar mermando las capacidades, en cierta manera, de gestión de los archivos, y consumir el espacio libre en disco. Algo que podría perjudicar al usuario.

De modo que tenemos unos comportamientos colaterales de las aplicaciones; que no suelen ser conocidos por los usuarios; que no suelen documentarse, explícitamente, con la suficiente claridad; y que pueden perjudicar, con el tiempo, las capacidades del ordenador. Y la pregunta siguiente es: ¿Cuántos otros comportamientos colaterales son desconocidos por los usuarios? Pues, lo cierto es que existen muchos.

Los más temidos son los virus, o los programas de espionaje. Pero hay otros que también se dan. Y que merman las capacidades del sistema, ralentizándolo. Sin que el usuario sepa cómo han llegado a producirse. Incluso los propios sistemas operativos, en sus sucesivas actualizaciones, introducen elementos de ejecución oculta que perjudican el rendimiento. Y que el usuario desconoce totalmente su existencia. Ya que dio permiso de actualización en la confianza de que eso corregiría errores. Que no le perjudicaría. Lo que, a veces, no es del todo cierto.

Así pues, cualquier programa puede tener comportamientos que el usuario desconoce. Y eso no puede permitirse. Pues el criterio que debe defenderse es que: **el propietario de la máquina debe tener**

acceso a toda ella, pues le pertenece. Y conocer todo lo que se hace nuevo, en ella, cada vez que instala algo.

La solución de esto pasaría por realizar una gestión especializada de las aplicaciones que se instalan en el ordenador. De modo que, todos los archivos ejecutables, deben encontrarse, siempre, dentro de única carpeta; allí dónde se instalan. Y que él sistema de archivos corrija, o controle, los excesos de almacenamiento de las carpetas que utiliza la nueva aplicación; tanto la de los ejecutables, como las de los datos comunes y de usuarios. De manera que se puedan asignar unas cuotas máximas. Y, en caso de que se superen, se notifique al usuario para que tome las medidas adecuadas.

Separar el área de almacenamiento de programas del área de almacenamiento de información

Se debe separar el espacio de almacenamiento en el disco duro destinado a las aplicaciones ejecutables; del espacio destinado a los datos, tanto de origen, como de procesamiento; como del resultado que las aplicaciones producen.

Esto significa que los datos que gestionan los programas no se deben considerar parte del proceso de instalación. También significa que dicha información no debe contener ningún código ejecutable. En cuyo caso debería tratarse como como un programa, y no como información.

Con esta práctica, se pueden diferenciar, fácilmente, los elementos de trabajo; de las herramientas empleadas en él. Lo cual facilita la gestión; en el caso de tener que identificar la información, en sí; separándola del mecanismo de procesamiento de la misma.

De esta manera un programa puede utilizar datos diferenciados para cada usuario. Y eso incluiría los parámetros de configuración de la aplicación, para poderse adecuar a cada uno de ellos. Por tanto, cada usuario debe tener una carpeta raíz personal. Y, en ella, se crearían **las carpetas de datos de las aplicaciones.** Las cuales, **deberían tener el mismo nombre que la carpeta de los códigos ejecutables asociada con ellas.** Que se instalan en la sección destinada para las aplicaciones.

Para lograr una mejor portabilidad de los programas. Las carpetas de destino de la instalación deberían poderse seleccionar en el proceso de instalación. Y las de datos se

repetirían para cada usuario. Además, existiría un tercer punto de instalación para los datos. Para aquellos que no son propios de cada usuario, sino que son comunes a todos ellos.

Esto implica que existen, obligatoriamente, ciertas informaciones que todas las aplicaciones deben tener accesibles:

- El archivo /0 del sistema operativo. Para poder trabajar con los dispositivos instalados en él.
- Los datos del usuario que tiene activada la sesión de trabajo:
  o Su identificador único.
  o Su carpeta personal.

Otras informaciones necesarias se tendrían que tratar de manera particular.

Sin embargo, en caso de que un usuario desee hacer un primer uso de una aplicación, la misma podría emplear una carpeta, en el área de datos comunes, que sirva de plantilla; para, así, instalar la configuración, por defecto, en la carpeta de dicho usuario.

El formato de los archivos de configuración se discute en otro apartado. Pero deberían mantener los criterios siguientes:

- Ser comprensibles por el ser humano.
- Ser modificables con herramientas genéricas de tratamiento de texto.
- Tener un formato estandarizado, de modo que su estructura básica sea igual para todos.
  o Que no sea necesario el aprendizaje de distintos sistemas de descripción de los parámetros de configuración, para cada aplicación.

El sistema de control de accesos

El sistema Windows desarrolló un mecanismo de permisos basado en listas de control de accesos denominado: acl. Este sistema es muy flexible. Permite asignar muchos tipos de permisos a muchos usuarios. Y es más eficiente desde el punto de vista de la gestión. Sin embargo, desde el punto de vista del rendimiento, es menos eficiente que el sistema Linux.

El sistema de permisos de Linux contempla únicamente tres tipos de permisos: uno para el propietario del archivo; otro para un grupo;

y otro para aquellos que no están, ni en el grupo, ni son los propietarios este sistema. Es muy limitado. Y no es lo suficientemente flexible como para ofrecer una solución que sea eficaz. Pues, en el momento en el que hay que aumentar las capacidades de gestión de permisos; para tener por dos usuarios propietarios, o dos grupos que tengan diferentes permisos de acceso, se muestra incapaz de ofrecer una solución sencilla. Mientras que el mecanismo de acl sí puede, perfectamente, crecer en ese sentido.

Por ese motivo, se recomienda que se utilicen sistemas de permisos acl, en todos los sistemas operativos. De hecho, el sistema Linux puede ser modificado para que trabaje con acl.

Los sistemas pierden eventos de usuario

Uno de los problemas que se encuentran los usuarios cuando manejan un sistema informático, es que la respuesta del mismo tiene un resultado variable; en función de la carga de trabajo, y de los recursos disponibles con los que el sistema cuenta.

En circunstancias desfavorables los sistemas han sido programados para desatender peticiones del usuario. Lo cual genera una gran frustración en el mismo. Así, por ejemplo, cuando el sistema tiene poca memoria, puede perder pulsaciones del teclado. Y puede perder movimientos del ratón, clics del botón izquierdo, o clics del botón derecho. Este comportamiento es totalmente erróneo. Ya que la mayoría de los programas son dirigidos por el usuario. Y éste es el que debe tener mayor prioridad, por encima de los demás programas que estuvieran consumiendo recursos.

La pérdida de mensajes, de paquetes, de eventos, y de otros elementos provenientes de fuentes implicadas en la comunicación, ocurre también a otros niveles. Lo cual genera también muchos problemas. Así, en una comunicación en red puede ocurrir que las tramas enviadas por ella se pierdan, o sean desatendidas, sin qué el usuario conozca esta circunstancia. Normalmente, cuando ocurre este hecho, los propios protocolos realizar una repetición del envío. Hasta que éste se produce de manera satisfactoria. Lo que puede llegar a provocar bucles de envíos y pérdidas, repetidos; que ralenticen enormemente el sistema.

Una programación orientada a la no pérdida de los paquetes informativos, en una comunicación, traería, como consecuencia; una mejor gestión de los envíos; y una garantía, entre los extremos implicados, de que no ha habido problemas; ni eliminación de parte de la información que ha sido enviada.

Desde el punto de vista del comportamiento del usuario, suele aceptar el mal funcionamiento del sistema. Su actitud normal es la de frustrarse; enfadarse, a veces; y repetir las acciones que no tuvieron la respuesta adecuada.

Para lograr la atención de todos los eventos, se necesitarían generar grandes cola de peticiones pendientes. Que no se saturaran. Y cuyo llenado no diera lugar al abandono, o la pérdida, de los últimos mensajes.

Una revisión de los protocolos, obligaría a gestionar más cantidad de memoria. Y, cuando se produjera la saturación, al tratamiento de la pérdida. Gestionándola como un acontecimiento que debe ser notificado, debidamente; diferenciándolo del comportamiento normal. Cosa que, actualmente, no ocurre.

La pérdida de información, en las comunicaciones, es algo que también ocurre en ámbitos informáticos no asociados con los ordenadores personales. Así, por ejemplo, los mandos a distancia de los televisores suelen perder, habitualmente, las órdenes enviadas. Y el usuario acaba teniendo que pulsar, más de una vez, el mismo botón. Hasta que consigue que sea atendida.

El comportamiento correcto, para no causar frustración en el usuario, sería que se gestionará, por parte del propio sistema emisor, la no recepción del envío. Y se produjese un reenvío, en un número determinado de intentos; hasta que, al final, si no se logra, se produjera la notificación al usuario del fracaso de la comunicación.

Sin embargo, esto implicaría un desarrollo en el que se estableciera un protocolo de confirmación. Lo que, actualmente, no suele hacerse. Ya qué complica la lógica. Pues, el emisor de la orden, también debe ser receptor de la misma. El beneficio de esta complicación tecnológica redundaría en el usuario. Y haría posible que todas las órdenes enviadas; por un mando a distancia, por ejemplo; fueran atendidas en un porcentaje muchísimo mayor que lo que ocurre actualmente. Lo que compensaría el posible incremento de costes de esa tecnología.

Otra solución podría implicar al usuario. De modo que el aviso de recepción no fuera devuelto al mando de distancia emisor. Sino que fuera notificado al usuario, de una manera muy evidente. Que sabría si llego, o no, la orden. Y procedería a repetirla si fuera preciso. La situación actual es ineficiente. Ya que el usuario desconoce si la orden llega, o no llega. Y, si la falta de respuesta, es causada por el tiempo de procesamiento. O porque nunca llegó a su destinatario.

La actividad del usuario tiene menos prioridad que la actividad del sistema

Cuando el usuario está trabajando con el sistema, es habitual que habrá nuevas aplicaciones. Que se desplegarán en una nueva ventana del interfaz gráfico de usuario. El sistema está diseñado para presentar las nuevas ventanas; y concederle, a ellas, el foco de la captura de los eventos.

Este comportamiento implica que; mientras se produce la carga del programa, y la preparación de la interfaz del usuario; puede continuar trabajando con la aplicación desde la que realizó la llamada a la nueva aplicación, o con otra. Pero, cuando la visualización esté ya preparada; se cambiará, el foco de su trabajo, a la nueva ventana. Lo que le va a generar una situación poco deseable, por su imprevisibilidad. Ya que desconoce cuándo se va a producir este cambio. Lo que le va a desconcentrar en el trabajo que estuviera realizando

Este comportamiento es heredado de sistemas antiguos. Y debería evitarse en los sistemas actuales. De modo que toda nueva ventana no cambie el foco la captura de los eventos. A menos que haya sido lanzada por la propia aplicación, como parte de su funcionalidad. Y la ventana en la que estaba trabajando el usuario, haya quedado deshabilitada. En caso contrario, en lugar de cambiarse el foco, debería aparecer una señal; indicadora de que el proceso de carga ha finalizado, y que el interfaz está listo; en un elemento específico. Cómo puede ser la barra de tareas; con el parpadeo del botón de la nueva tarea, por ejemplo.

Las temporizaciones, y los efectos colaterales, generan incertidumbre

Los sistemas operativos que incorporan ventanas, menús, y otros elementos; que, automáticamente, se cierran, o repliegan. Lo que causa problemas, constantemente. Cuando el sistema está muy ocupado. Y pierde los eventos de usuario.

Esta circunstancia es muy frustrante y no se recomienda crear elementos que se cierran automáticamente tras una temporización.

Todos los elementos del interfaz de usuario deben ser controlables por el mismo. Eso significa que la apertura y el cierre de sus elementos deben realizarse con su intervención. Y no mediante un temporizador. Pues las personas no tenemos una precisa medida del tiempo. Y genera incertidumbre ver que suceden acciones que no han sido decididas por ellos. Además, **los eventos deben tener un comportamiento exclusivo sobre el elemento sobre el que intervienen.**

No puede aceptarse que al tener un menú abierto, y que por pulsar un botón en otra parte del interfaz, el menú se cierre. Porque no hay relación entre ambos. Y se produce la sensación de que el sistema toma decisiones por el usuario, al afectar sus acciones previas.

Evitar ese comportamiento, permitiría tener la visión de muchos elementos desplegables. Si así se decidiera. Y solo se cerrarían cuando el usuario lo indicara. O mantener los elementos visibles, solo cuando el ratón estuviera sobre ellos, cerrándose al salir. Las dos opciones son válidas.

Así, por ejemplo, al pasar el ratón sobre un elemento, no debe presentarse nada que desaparezca pasado un tiempo. Sino desaparecer cuando el ratón deje de estar sobre aquello que se ha mostrado. Los menús no deben cerrarse pasado un tiempo. Y los mensajes deben permanecer visibles hasta que se cierren.

La falta de recursos debe ser notificada

Las aplicaciones informáticas no tienen en cuenta la falta de recursos; como la memoria, o la capacidad de procesamiento donde se ejecutan. Esto da lugar a comportamientos decepcionantes; al comprobar cómo la aplicación, además de no realizar su trabajo, ralentiza todo el sistema en el que se ejecuta. Hasta tal punto, que el puntero del ratón se paraliza. O realiza movimientos extraños. Y las pulsaciones de teclado no son atendidas.

Resolver este problema es importantísimo. No hacerlo representa un desprecio al usuario; al no considerar sus necesidades de respuesta.

Es más conveniente, indicar al usuario que no se puede realizar una tarea, y ofrecerle la posibilidad de cerrar la aplicación; que tratar de aparentar que sí puede, hacer un consumo de tiempo exagerado, y ofrecer un rendimiento inaceptable.

Las cajas de dialogo están lejos

Los interfaces gráficos de usuario abren cajas de dialogo, frecuentemente, para intercambiar información con el usuario. Sin embargo, estas cajas flotantes, aparecen en el centro. Cuando deberían aparecer próximas el puntero del ratón, para facilitar el acceso a su contenido. Por tanto, en pantallas muy grandes, las cajas de diálogo están muy lejos del lugar donde el usuario causó que aparecieran.

Eliminar el principio de la caja negra

Uno de los principios del desarrollo del software es el de caja negra. De modo que, la implementación, queda oculta al usuario del código.

Esta filosofía es errónea. Y debe corregirse. Ya que permitir al usuario conocer el código, y poder corregirlo, es un beneficio que también redunda en la comunidad de desarrolladores.

Por ese motivo, el sistema operativo debería contener todo el código fuente de sus aplicaciones; y las herramientas para generar, y depurar, el mismo. Un sistema así, podría denominarse: SODA: Sistema Operativo con Depuración de Aplicaciones.

Todos los usuarios podrían colaborar en corregir sus errores. Y colaborar con el desarrollador principal del sistema para hacerlo mejor. El beneficio superaría el riesgo. Los usuarios capaces de entender el código cada vez serían más numerosos. Sus capacidades se aprovecharían para el bien de la comunidad de usuarios. Y los errores que cometieran, serían corregidos por ellos mismos con el tiempo. Aunque se podría recurrir al código de versiones anteriores, o de los repositorios existentes para garantizar un versionado seguro.

Las traducciones no son satisfactorias

Los sistemas operativos actuales se instalan para un determinado idioma; y cambiarlo resulta complicado.

En un sistema multi.usuario, cada uno debería poder configurar el idioma que deseara. Y definir otros elementos, como el teclado, los formatos de fecha y hora, la unidad monetaria, etc.; que tienen relación con el idioma y la localización.

El principal problema se encuentra en lo difícil que es traducir un texto en un idioma a otro. Hasta el punto de que se puede llegar a tener que cambiar la disposición de los elementos de la interfaz de usuario; si la traducción ocupa un espacio muy diferente, de un idioma a otro. Porque no quepan bien los nuevos textos, en comparación con los antiguos.

El problema, de fondo, se encuentra en el diseño del interfaz de usuario. Los cuales no se adaptan a los diferentes tamaños de los textos que contienen. Sería mucho más sencillo modificar esas interfaces. E incluir, en los nuevos diseños, mecanismos automáticos de traducción de textos. Y la capacidad de incluir mecanismos de ocultación, y visualización, de las partes que no quepan en los tamaños que tienen definidos.

De modo que no importe el idioma de los textos de la aplicación que se ejecute. Pues sus mensajes podrían traducirse a otro idioma. Palabra por palabra, frase a frase, o párrafo a párrafo.

Para lograr esto, habría que instalar la información de las traducciones en el sistema; o poder consultarlas desde Internet. Algo semejante a lo que hace el navegador Chrome, cuando se desea traducir el contenido de una página Web.

La traducción de cada aplicación podría encontrarse localmente. Para lo que se indicaría en el archivo 0, o en el 0.0, o en los siguientes, la forma de acceder a la traducción, y su protocolo.

Se buscaría primero el párrafo completo. Si no está traducida, se buscan las frases completas que contiene. Si alguna no está traducida, se traducen palabra por palabra. Utilizando un mecanismo basado en la probabilidad de acierto, y el contexto obtenido de las palabras previas; para elegir la traducción a mostrar. En el caso de que una palabra tenga varias traducciones posibles en el otro idioma.

Falta normalización en los interfaces de usuario

El interfaz de línea de comandos puede precisar de la escritura de muchas opciones para configurar un comando. Por desgracia, el formato de paso de parámetros no está normalizado. En unos casos comienzan por un guion (-), en otros por dos (--); en otros es una palabra, en otros una letra. Y resultan confusos y difíciles de memorizar. Además, los parámetros son palabras, o abreviaturas, en inglés. Las cuales no se traducen nunca, lo que no ayuda.

Así, para pedir la ayuda hay muchas posibilidades: utilizar el carácter: ?, usar: -h, o: -?; -help o: --help; etc. En otros casos, la ayuda no existe en el comando, y hay que consultar manuales, programas de ayuda, como: man, o buscar la ayuda en Internet.

Lo ideal sería que **todo comando CLUI presente la ayuda si no le pasaran parámetros.** Aunque solo fuera para indicar como consultarla en otro manual o en Internet. Y que **los parámetros se puedan pasar como se hace en la cadena de consulta de una URL.**

Los interfaces gráficos de usuario tampoco están normalizados. Y el uso de los mismos, utilizando solo el teclado, no es sencillo. Además, no están preparados para manejarse mediante instrucciones escritas de texto. Lo que dificulta su manejo desde otros programas.

Para resolver este programa, deberían definirse dispositivos simuladores de los comportamientos del usuario. Que se manejaran mediante comandos que ordenaran las ventanas, detectaran los controles GUI de cada ventana, y los ordenaran; para acceder a ellos por su nombre, o posición. Y les enviaran comandos, por ejemplo, mediante un protocolo RESTfull. Para ello, los dispositivos de usuario deberían poderse manejar mediante librerías. Y, cada vez que una aplicación gráfica ganara el foco, la información de sus controles GUI fuera accesible para su uso no visual, sino mediante comandos de texto.

El interfaz de usuario utiliza el ratón de dos botones; uno de ellos, el de la izquierda, normalmente, para seleccionar elementos; y el otro, para desplegar el menú contextual. Para ejecutar una acción, se necesita hacer doble-clic. Una operación muy poco amigable para los nuevos usuarios. Por ese motivo, el doble clic debería pasar a ser algo tan sencillo como un clic hecho sobre la selección ya realizada. Pero, entonces, la operación de deseleccionar debe cambiarse; y realizarse al pulsar el botón del menú contextual, sobre un elemento seleccionado. Realizando dos acciones, deseleccionar y mostrar el menú. El menú contextual, además, no debe tener una temporización para cerrarse. Debe hacerlo cuando el ratón deja de estar sobre él; bloquearse hasta que se cierre, lo que implica añadir una marca para ello que sirva para mantener o quitar; o hacer clic con el botón derecho en el elemento que hizo que se abriera ese menú. La operación de arrastrar, sigue consistiendo en mantener pulsado el botón izquierdo mientras se mueve el puntero; y soltar, cuando se deja de mantener pulsado el botón izquierdo.

Para desplazarse por los controles del interfaz de usuario, con el teclado, debería bastar con utilizar la tecla **Ctrl+tabulación**, para saltar de uno a otro, en un sentido. O en el otro sentido, en combinación con otra tecla: **Alt+tabulación**. El orden de los elementos debería ir de izquierda a derecha y de arriba abajo. A partir del control activo.

Para simular un clic, se utilizaría **Ctrl+barra_espaciadora** (botón izquierdo), y el menú contextual se podría simular con **Alt+barra_espaciadora** (botón derecho).

El acceso directo a la barra superior de menús sería con **Alt+flecha_arriba**, al segundo menú sería con **Alt+flecha_derecha**, al tercer menú sería con **Alt+flecha_abajo**, y al cuarto menú sería con **Alt+flecha_izquierda**. Con sucesivos **Alt+flecha_izquierda** se cambiaría a las barras de menú quinta, sexta, etc.; de manera circular.

Dentro de los menús, **flecha derecha e izquierda** desplazarían el elemento activo del menú en horizontal; y **flecha arriba y abajo**, en vertical. Simular el clic de ratón ejecutaría la opción activa. Para abandonar un menú, se utilizaría la tecla: **Esc**.

Cuando se abre una ventana, el control activo sería el de manejo de la ventana (cambiar tamaño, mover, etc.). Para pasar de la ventana activa, al escritorio; es decir, al gestor de ventanas; se utilizaría **Esc+Ctrl**. El escritorio se manejaría como cualquier otra ventana.

Para desplazar una ventana, o todo el escritorio, se utilizaría la combinación de teclas: **Esc+Alt**, para iniciar el movimiento. Con las **flechas** se controlaría su movimiento. **Esc+Alt**, para finalizar el movimiento. Para regresar a una ventana, desde el escritorio, se utilizaría **Esc+Ctrl**. El cual mostraría un menú con las ventanas abiertas a las que pasar el foco, y se movería por él como en cualquier otro menú. Por compatibilidad con sistemas antiguos, se añadiría **Alt+tabulación**, también. Aunque eso obliga a establecer la combinación **Ctrl+Alt+tabulación** como alternativa equivalente de **Alt+tabulación**, para cambiar entre los controles visuales en el escritorio. La creación de sinónimos es una mala práctica. Por lo que, tras un tiempo de adaptación, deberían eliminarse.

Para mover el puntero del ratón, desde el teclado, se emplearían las **flechas**, manteniendo pulsada la tecla **Esc**: **Esc+flecha_arriba, Esc+flecha_derecha, Esc+flecha_abajo, Esc+flecha_izquierda.**

Los nombres de las aplicaciones son poco amigables

Las aplicaciones de interfaz CLUI tienen, como nombre, una única palabra, breve. Esto ayuda a que haya que escribir pocas letras en la línea de comando. Pero es un grave problema a la hora de memorizar esos nombres. Pues son abreviaturas, o acrónimos, extraños.

Las aplicaciones deberían tener un nombre normalizado:

- Comenzar por un sujeto que las clasifique. Por ejemplo: texto: para los procesadores, editores de texto, etc.; código: para las herramientas de desarrollo; archivo: para las operaciones en el sistema de archivos; imagen, sonido, video: para las de visualización y procesamiento de imágenes, sonido, o video; sistema: para las herramientas de configuración del sistema operativo; dispositivo: para las herramientas de administración de los dispositivos del ordenador: red, pantalla, teclado, ratón, sonido, energía, cámara, etc.; servidor, para los servidores que atienden peticiones de otros ordenadores; proceso, para los procesos de fondo, que no interactúan fuera del ordenador.

- Luego, un verbo; que indique su objetivo: editar, configurar, atender, mostrar, navegar, gestionar, revisar, reparar, probar, etc.

- Seguido de una descripción breve. Que explique mejor su utilidad.

- Después se añadirían unas siglas (3-4 letras) que identificaran al fabricante.

- Todas las palabras serían completas, y traducibles a otros idiomas. Y se unirían con el guion bajo (_).

Las aplicaciones CLUI mostrarían información en caso de no indicarse parámetros. En esa información se incluiría el número de la versión.

El intérprete de comandos debería permitir escribir las órdenes con el formato de un lenguaje de programación. Es decir que los parámetros se pasarían entre paréntesis, entre dobles comillas. Las posiciones 0, y pares, para el nombre del parámetro. Las impares para los valores pasados.

Además, se debe crear una utilidad de búsqueda de texto libre que permita localizar comandos mediante palabras clave. Las aplicaciones incluirían un archivo de texto UTF-8, con el mismo nombre que el ejecutable, y en la misma carpeta, pero con la extensión (.info). Donde se escribieran sus palabras claves, y los nombres alternativos previstos para las búsquedas.

Los sistemas distribuidos y los sistemas portables

Los puertos TCP/IP

Las arquitecturas modulares de las aplicaciones, permiten que estén distribuidas; gracias al uso de los puertos de comunicación del protocolo TCP/IP. Sin embargo, este mecanismo precisa de protocolos de nivel superior. Lo que hace que, estos, proliferen de una manera descontrolada. Y esto es un problema. Pues obliga al aprendizaje de los mismos, para cada uso particular de esos servicios.

Además, los puertos pueden estar ocupados. Ya que no existe un sistema de garantías, ni de reserva, de los mismos. Por otro lado, los números de los puertos no son amigables. Pues son números, y no se asemejan al lenguaje humano. El cual utilizar palabras; nombres, para denominar todo lo que maneja.

Sería preciso crear un mecanismo amigable; no sólo de traducción de direcciones de red; sino, también, de traducción de puertos. Así como de su reserva. Por otro lado, el número de los puertos no debería estar limitado a un número de 16 bits.

La comunicación en los sistemas distribuidos

Una aplicación que tenga dependencias de otros servicios, será compleja. Y puede que precise repartir su necesidad de potencia de procesamiento entre varios procesadores, en el mismo u en otros ordenadores.

Los sistemas distribuidos permiten que las aplicaciones se comuniquen, con los servicios, mediante la arquitectura de red. De modo que emplean los protocolos de red para transferirse la información que necesitan.

Esta solución permite que los servicios puedan estar en cualquier parte del mundo a la que la red tenga acceso. Y, en el caso de Internet, y del protocolo TCP/IP, nos encontramos con un alcance casi global. Aunque todavía haya ciertas restricciones.

La solución distribuida permite repartir la potencia de trabajo. E incluso multiplicarla. Pues puede repetirse en cada servicio. Y establecer mecanismos transparentes de reparto de la carga de trabajo.

Aunque la solución distribuida permite mucha flexibilidad en localización de los servicios, y en el reparto del procesamiento; presenta un bajo aprovechamiento del medio de comunicación. Esto se debe al hecho de que en una red de ordenadores, solo existe un canal para transferir toda la información. Y debe ser repartido entre todos los participantes.

El funcionamiento habitual es que exista un protocolo que concede el derecho a utilizar el canal (cable, banda, etc.). Cuando se le concede a un emisor, este solo puede utilizarlo para el envío de una cierta cantidad máxima de bits. Lo que se conoce como paquete de información, en una ventana de envío. Pasado el tiempo necesario para ese envío, debería ceder el medio a otro solicitante; y volver a solicitarlo, para continuar enviando. Así pues, toda la información está troceada. Y, el conjunto completo, de la transmisión de todos los paquetes, tiene un tiempo total impredecible.

Esto significa que los sistemas distribuidos tienen un "cuello de botella" en el medio. Mientras que los sistemas compactos, formados por un ordenador con un sistema de memoria común; y con uno, o varios, procesadores; no tienen ese problema.

Sin embargo, es muy habitual instalar sistemas distribuidos dentro de un mismo sistema compacto. Ya que el protocolo de red sigue funcionando, A pesar de que el emisor, y el destinatario, tengan la misma dirección.

Pero esa arquitectura es ineficiente. Ya que un sistema compacto permite que la comunicación se realice por medio de sus buses internos. Los cuales tienen un mecanismo de acceso mucho más eficiente. Utilizan un reparto del tiempo de acceso en porciones iguales. Y no precisan de construir paquetes con la información propia de las comunicaciones en red.

Los ordenadores con multitarea realizan distribuciones de tiempos fijos entre los procesos de cada tarea. Y hacen cambios de contextos para mantener los estados existentes para cada tarea. Por tanto, los procesos desconocen si se ejecutan compartiendo máquina o no. A menos que deban compartir recursos que no sean controlados por el intercambiador de contextos. Tal y como sucede si ambos intentan modificar grandes zonas comunes de memoria. Y no lo pueden hacer en una de la unidad de tiempo asignada para ello.

Además, existen dos cambios de contextos diferenciados; uno, para las aplicaciones; y otro, para los hilos concurrentes dentro de una aplicación. Debido al problema del acceso a los recursos compartidos, la programación concurrente resulta muy compleja. Y debe ser desempeñada por expertos en ella.

Para aprovechar la potencia de los ordenadores compactos. No se deberían utilizar protocolos de red; cuando el emisor, y el receptor, estuvieran en la misma máquina. Sino que se deberían aprovechar sus propios mecanismos de transferencia de datos en memoria. O el que sea más eficiente dentro de los mecanismos disponibles.

Para lograr hacer esto, de manera transparente, la arquitectura de las aplicaciones distribuidas debería comprobar, en el establecimiento de las comunicaciones, cual es el medio más idóneo de comunicación; y utilizarlo. Las primitivas de nivel superior, utilizadas en la comunicación, deberían ser idénticas; tanto para el envío en una red, como para el envío mediante otro sistema.

Esto significa que los servicios distribuidos deben implementar, al menos, dos mecanismos de atención de peticiones:

• La escucha de puertos de red.

• La atención a peticiones mediante mecanismos de máquina compacta. Por ejemplo, carga de librerías dinámicas, o comunicación por tuberías, entre otros.

Por otro lado, la selección del mecanismo de atención de las peticiones de servicio, podrían decidirla los administradores de los sistemas. En ese caso, deberían existir métodos de configuración de los servicios, muy claros al respecto, lo más normalizados posibles.

Cuando un cliente tuviera que comunicarse con un servicio, en un archivo de configuración de la aplicación cliente; supongamos que tenga el nombre: 0.0; se indicaría la lista de servicios, su nombre, localización, interfaz de uso, y parametrización. Una interfaz podría indicar el uso de puertos TCP/IP. Y otra podría indicar el uso de librerías dinámicas. Una entrada, con un nombre determinado, podría permitir indicar cuál es la que se prefiere.

Las máquinas virtuales

La construcción de máquinas virtuales garantiza la portabilidad de las aplicaciones. Siempre que exista una aplicación de ejecución de dicha máquinas virtuales, en las distintas máquinas físicas dónde podrían funcionar.

Sin embargo, el aprovechamiento de los recursos, queda limitado por el consumo de los mismos que realizan: el sistema operativo anfitrión; la aplicación de ejecución de máquinas virtuales; y el sistema operativo de la máquina virtual. Todo ello para poder ejecutar una aplicación. La que se desea tener disponible. Y que sea portable.

Para reducir el consumo de recursos, se han desarrollado unos componentes que consumen menos que una máquina virtual. Tal es el caso de los sistemas que utilizan: Dockers.

Otra mejora, de ambas soluciones, consistiría en iniciar la máquina física con el sistema operativo que menos recursos consuma, posible. Y, sobre él, instalar la aplicación de ejecución de máquinas virtuales, o la aplicación de ejecución de contenedores reducidos, tipo Docker. Esto supondría un uso de recursos menor que las otras soluciones.

Un sistema operativo mínimo portable

Si fuera posible desarrollar un sistema operativo mínimo que pudiera iniciar muchas máquinas distintas; simplemente por el hecho de que tuvieran unas características mínimas, concretas; por ejemplo: un procesador que esté dentro de una familia compatible: i386, amd64, u otra; cierta cantidad mínima de memoria; tarjeta de red; USB de arranque; otro acceso a memoria USB; teclado, ratón; pantalla gráfica; y, opcionalmente, otros elementos, como la tarjeta de sonido.

En ese caso, se podría hacer que el ordenador físico arrancará desde la memoria USB. De modo que no afectara al sistema de arranque; ni al sistema operativo, por defecto, de la máquina física.

Esto permitiría conseguir una independencia absoluta de un gran conjunto de máquinas físicas. Ya que, bastaría con que el hardware el cumpliera con las compatibilidades requeridas, para utilizarlo sin interferir en lo que ya tuviera instalado.

Sin embargo, esta posibilidad plantea algunas complicaciones desde el punto de vista de la seguridad. Ya que, si se permite que el sistema tenga un arranque externo, entonces se podrían alterar elementos de su sistema. Serían los administradores de estos ordenadores anfitriones los que deberían limpiarlos tras cada uso, o asegurarse de que no hayan sido dañados.

La ventaja de arrancar un ordenador, desde una memoria USB, es que, se podría cargar un sistema operativo de mínimo consumo. Y que contuviera una aplicación de ejecución de máquinas virtuales; o de contenedores, como: Docker. Entonces, desde otro puerto USB se podría ejecutar un contenedor de aplicaciones. Ya sea una máquina virtual o un contenedor.

El intercambio de información

En un sistema distribuido, la comunicación entre clientes, y proveedores de servicios, es complicada. No es posible esperar que el formato de los tipos de datos sea idéntico. Así, los juegos de caracteres, los formatos numéricos, etc.; pueden variar de la arquitectura de una máquina a otra.

Por ese motivo, se deben especificar protocolos de un nivel superior, iguales en ambos extremos. Estos protocolos pueden ser distintos de los que ya existen. Lo que añade nuevos elementos que deben ser estudiados, y aprendidos, por los que los utilicen. O pueden utilizar los que ya existen. Lo que sería la mejor solución.

Los protocolos desarrollados para interacción remota entre los seres humanos, y los programas; pueden reutilizarse para la interacción entre los programas. Por ese motivo, protocolos como HTTP, HTTPS, FTP, FTPS, TELNET, o SSH; se pueden emplear para estas comunicaciones.

Respecto a los datos que se transmiten. Por igual motivo, deben expresarse en un lenguaje de alto nivel, que indique cual es la codificación de los mismos. Tal es el caso del lenguaje HTML. Lo que es otro ejemplo de la reutilización de la capa de interacción humano-aplicación, para la interacción aplicación-aplicación.

Sin embargo, el formato de presentación de los datos está relacionado con aspectos estéticos, muy vinculados con la comunicación humana. Y lejos del interés de la comunicación pura de los mismos. Los seres humanos perciben tres niveles de comunicación:

- Intelectual: Tiene que ver con el conocimiento, la información, los datos.

- Emocional: Tiene que ver con los sentimientos, el amor, la afinidad, la pertenencia a grupo, etc.
- Física: tiene que ver con la integración de la persona en un entorno físico, lleno de amenazas y oportunidades.

Por ese motivo, los lenguajes de transmisión de información incluyen capacidades para transmitir aspectos relacionados con el aspecto sensitivo; e, incluso, también añaden capacidades multimedia, y dinámicas.

Para la comunicación entre aplicaciones, solo se necesita acceder a la información. Y todos los añadidos, para los otros aspectos, deben ser ignorados. Por ese motivo, se han desarrollado nuevos lenguajes de alto nivel para la transmisión de datos. Tal es el caso de lenguajes, o formatos, como son: XML, JSON, YAML, o CSV.

Sin embargo, la transferencia de comportamientos dinámicos es un elemento deseable dentro de las comunicaciones aplicación-aplicación. Para ello, las transmisiones podrían utilizar los lenguajes de programación ya existentes. Lo cual plantea el problema de que el código transferido podría ser malévolo. Algo que también ocurre con las transmisiones dinámicas en las comunicaciones humano-aplicación. Por ese motivo, deben establecerse mecanismos de seguridad semejantes a estos. Con lo que el problema quedaría resuelto. Y, así, se lograría la transmisión: de datos y de comportamientos.

Las aplicaciones multi.arquitectura

Se pueden describir dos tipos de arquitectura de aplicaciones:

- Arquitectura de ordenador de escritorio: Todo el código se instala en el ordenador del usuario.
- Arquitecturas Web: Se utilizan clientes ligeros, genéricos. Que se conectan, con un protocolo universal, a ordenadores que ofrecen aplicaciones. Las cuales retornan código HTML, principalmente, para que el cliente lo presente, También pueden retornar otros formatos, como XML o JSON; para atender a peticiones asíncronas AJAX, o que sigan la especificación RESTfull.

Ambas arquitectura puede incluir clientes que accedan a servicios. Que podrían estar situados en otros ordenadores. Con lo que añaden capacidades cliente-servidor.

Para que una aplicación pueda funcionar en ambas modalidades, debería utilizar el mismo interfaz de usuario en ambas. Por lo que podría utilizar HTML, y emplear controles del entorno GUI del escritorio capaces de presentar dicho código. Los cual es perfectamente posible.

Además, debería integrarse con el servidor Web. Para lo que sería necesario desarrollar un intermediario. Que se integrara en el servidor Web. Y pudiera cargar dicha aplicación. También, debería existir un intermediario equivalente, en la aplicación de escritorio, que cargara la aplicación.

Por tanto, una aplicación para ambas arquitecturas, tan solo tendría que presentar el mismo interfaz para ambos intermediarios. Y realizar la interacción con el usuario mediante mecanismos Web. Los cuales serían también válidos para el intermediario de la aplicación de escritorio.

Las aplicaciones independientes de los sistemas locales

Cuando una aplicación se ejecuta en un ordenador local, se supone que cuenta con unos elementos mínimos: procesador, memoria, un sistema de archivos, y comunicaciones en red; y, en la mayoría de los casos, un gestor de ventanas para el interfaz gráfico de usuario.

Una cuestión interesante se plantea cuando esos elementos resultan insuficientes: Se necesita más procesamiento, o más memoria, o un sistema de archivos de mayor capacidad, etc. En ese caso, las aplicaciones no pueden resolverlo. Pues se ejecutan conforme a las características del entorno local.

Sin embargo, un desarrollo que utilizara intermediarios para las interacciones, con algunos de esos elementos, permitiría que se gestionaran empleando otros recursos adicionales. Que se hubiera añadido en sus archivos de configuración.

Por ejemplo, un sistema de archivos podría dejar de restringirse al ámbito local. Para ello, el intermediario debería ser capaz de manejar múltiples protocolos: el local, mediante el uso de rutas por las carpetas, comenzando por la carpeta raíz; en red, mediante el uso del sistemas de archivos en red: NFS; y en red global, por medio del uso de URLs. Otra posibilidad podría ser que solo trabajara con URLs, y que el protocolo indicara el modo de acceso: file, http, https, ftp, ftps, y otros. Podrían, en ese caso, emplearse la especificación RESTfull. De modo que PUT sirviera para abrir y escribir, GET para abrir y leer, POST para abrir y actualizar, y DELETE para suprimir y borrar; empleándose parámetros en la URL, para su realización correcta.

Otros intermediarios distintos, podrían lanzar la ejecución de funciones en otras máquinas. O enviar elementos gráficos a otras máquinas. Entre otras posibilidades.

Sin embargo, esta arquitectura tendría un rendimiento inferior que el modelo de ordenador único. Por lo que se deberían estudiar sus ventajas e inconvenientes; por un lado, la posibilidad de añadirle extensiones; y, por otro, en caso de detectar la imposibilidad de continuar la ejecución, su notificación y gestión consiguiente.

En general, un criterio, a la hora de establecer las características de una aplicación; sería: **"La seguridad es el primer criterio en importancia para una aplicación. Que no falle. Ni tenga errores. Y que sepa reaccionar ante la falta de recursos. Y esto es más importante que su velocidad de ejecución"**.

Las aplicaciones

Las aplicaciones toman decisiones por los usuarios

La mayoría de las aplicaciones hacen uso del sistema de archivos; sin contar con el conocimiento del usuario, al respecto. Eso ocurre, por ejemplo, cuando utilizan carpetas temporales; o cuándo establecen una carpeta, por defecto; de trabajo, o de descarga. El usuario desconoce la localización de estas carpetas. Y eso da lugar a que a que sea más difícil la gestión de las mismas.

Las aplicaciones deben separar la información que gestionan, de la parte de ejecución de su operativa. Por tanto, la carpeta de datos debe estar situada en un lugar diferente de dónde se encuentra la carpeta del programa. Pero el lugar donde se localizan ambas carpetas debe de haber sido definidas por el usuario. Su nombre debería coincidir con el de la aplicación. Y, todos los demás elementos, deben de situarse dentro de una de las dos. O tres, si se crea una carpeta para los datos personales del usuario y otra para los datos compartidos.

Los elementos relacionados con la ejecución, irán en la carpeta del código. Y, los elementos relacionados con el almacenamiento de los resultados, irán en la carpeta de datos compartidos. Además de las dos carpetas mencionadas; existirá una carpeta, creada en el espacio privado de cada usuario; para almacenar los datos particulares, dentro de un entorno multiusuario.

Las versiones de las aplicaciones

No existe un criterio claro a la hora de enumerar las versiones que una aplicación experimenta a lo largo de su evolución. En la codificación de la versión, cada aspecto estaría separado con un punto. El criterio al respecto podría ser el siguiente:

1. El primer dígito de una aplicación debe hacer referencia a **las capacidades que presenta desde el momento en el que se libera alguna fase de su desarrollo**. A partir de la versión 1, la primera; las siguientes versiones deben de cambiar el primer dígito, únicamente, si se convierten en incompatibles con la versión previa; en cuanto a los formatos, y los tipos de datos de entrada y salida.

2. El segundo dígito debe hacer referencia a las **funcionalidades que añade** respecto a la versión previa. Y por cada nueva función integrada sumaría una unidad.

   o Si en algún momento la aplicación añade sus nuevas funcionalidades mediante módulos instalables, entonces debe de incluir una X, a continuación del dígito de la versión que incluyó la capacidad de añadidos externos.

   o Si el mecanismo de conexión de los módulos instalables cambiara, y fuera incompatible con los módulos antiguos; debería modificarse el primer dígito de versión.

3. El tercer dígito debe hacer referencia a las **correcciones de errores**, que se le han aplicado a la aplicación.

   o No debe de tener más de una corrección al mes. Pues el proceso de revisión, y pruebas, debe de ser de una duración que garantice que los cambios no van a introducir nuevos errores.

   o Cada año, si no hay cambio de versión, continuaría la numeración.

4. El siguiente elemento podría indicar el **estado de madurez** de esa aplicación.

   o De modo que: "a" sería para la versión: Alfa; "b" para la versión: Beta; "s" para la versión: Stable; "e" para la versión: Ejemplo; "d" para la versión para Desarrolladores; "o" para la versión: Obsoleta (sin mantenimiento); etc.

   o Seguida de la fecha: <año><mes>.

5. El siguiente dígito de la versión debe hacer referencia **las características que requiere**. De modo que debe codificar el sistema operativo para el que está destinada, así como otros elementos que resulten necesarios.

   o Esta codificación es libre. Y el fabricante debería incorporar una tabla de conversiones de código, y la descripción del sistema. Sin embargo, se podría proponer que la primera letra indique el sistema operativo: la "w" para Windows, la "l" para Linux, la "a" para Android, la "i" para iPhone iOS, etc. Si en lugar de depender de un sistema operativo depende de un intérprete o de una máquina virtual lo indicaría de igual manera. De manera que la "v" haría referencia a la máquina virtual Java, La "j" al motor JavaScript, la "p" podría hacer referencia a un intérprete de PHP, la "y" para Python, etc.

o A continuación le seguiría el identificador de la versión mínima. Por ejemplo: "lu16" para Linux Ubuntu 16.0 y superiores. Donde "u" es para Ubuntu, "d" para Debian, "s" para Suse, "a" para Slackware, etc.

o Y otros datos; como un 32, para el sistema de 32 bits; o 64 para el sistema de 64 bits.

En cuanto a la numeración de versiones, hay que tener en cuenta el criterio de que "**el cambio de un componente de la numeración de una versión, dará lugar al reinicio de todos los que le siguen y se ven afectados**".

En ocasiones se pregunta al usuario en exceso

Es habitual encontrarse cajas de diálogo dónde se pide la conformidad de operaciones que solo pueden haber sido decididas por el propio usuario. Este comportamiento supone una pérdida de tiempo, y una redundancia, innecesaria. Que causa inseguridad en los nuevos usuarios, y hastío en los usuarios avanzados.

El criterio, para determinar cuándo debe pedirse confirmación adicional, sería en aquellos casos en los que la acción fuera irreversible. Como es el caso de sobre.escribir un archivo. O como sería el caso de cerrar la aplicación, sin haber guardado los trabajos que se estaban realizando con ella.

El cierre de las aplicaciones

Las aplicaciones, y los sistemas operativos, tardan excesivamente en cerrarse. Lo cual no tiene una explicación satisfactoria. Ya que su comportamiento debería ser, únicamente, el de realizar una terminación inmediata; cerrando los recursos abiertos. Algo que tampoco debería consumir excesivo tiempo.

Este comportamiento debe corregirse, ya que obligan al usuario a un tiempo de espera innecesario; especialmente si tenemos en cuenta considerando la potencia de los ordenadores, así como la duración esperada de las tareas propias de un cierre. Que deberían ser casi inmediatas.

Las dependencias de servicio de las aplicaciones

Las aplicaciones informáticas dependen de muchos elementos que no han sido desarrollados por aquellos que las crearon. Sino por otros equipos, y con el objeto de que fueran elementos de servicio para múltiples desarrollos.

Por ese motivo su instalación resulta muy complicada. Pues hay que conocer cómo instalar aquellos sistemas de los que tienen dependencia.

Además, el proceso de desinstalación también se complica. Ya que puede suceder que los sistemas de los que depende estén siendo utilizados por más de una aplicación. En cuyo caso, su desinstalación supondría perjudicar a otro programa que no se quiere desinstalar. O podría suceder que la desinstalación se realizara parcialmente. Y se dejen elementos que tenían utilidad, únicamente, para ser utilizados por la aplicación que se ha desinstalado.

La solución, de esto, pasaría porque todas las dependencias de un programa se instalarán dentro de la carpeta de instalación de programas del mismo. Eso implicaría que, cuando dos programas hicieran uso del mismo sistema del que dependen, se encontraría duplicado. Y podrían producirse colisiones, entre ambos. Por ejemplo, por el uso del puerto TCP IP.

En caso de conflicto, debería aplicarse un procedimiento distinto. De modo que, se debe establecer el criterio siguiente: "**Un programa que se comunica con una parte de su funcionalidad mediante un puerto (TCP o IP), u otros mecanismos de conexión remota con múltiples clientes; no debe considerar, la parte de servicio, como un componente propio. Sino que se trata de una aplicación externa a él.**"

Por lo que debería instalarse, esa parte del sistema, del que dependen todos aquellos programas, en una carpeta propia; considerándola una nueva aplicación, de servicio para otras aplicaciones.

Sin embargo, al considerarla como una aplicación externa, debe cumplir con los criterios comunes de todas las aplicaciones: "**Todas las aplicaciones que se ejecutan en un ordenador, deben ofrecer información de su ejecución, así como mecanismos para su**

control: arranque y parada; y pausa, si fuera posible. En este aspecto, no hay diferencia entre las aplicaciones y los servicios".

Si estos sistemas adicionales instalados se configuran para que se comporten como servicios auto.arrancados, se debe tener especial cuidado. Pues consumirán memoria, y tiempo de ejecución, en la máquina. Con lo que su rendimiento será peor.

Por este motivo: **Todos los sistemas, y servicios que corren de fondo, deberían tener una ventana, o un mecanismo automático, indicador de que su ejecución y estado. En el que se presenten los posibles mensajes de error, y notificación; es decir: los log. Y que atienda a peticiones de terminación; y otras, si se necesitan.**

Esto no resulta posible en los sistemas de interfaz de línea de comando de ventana única. Por ese motivo se deben de utilizar sistemas multitarea, y multi.ventana; abandonándose los sistemas de que no permitan intercambiar información con el usuario, por varias vías simultaneas; salvo casos excepcionales.

Las instalaciones

Muy a menudo, la instalación de aplicaciones requieren el seguimiento de instrucciones complejas. En las que, el más mínimo error, causa un fallo completo en la instalación.

Esto es un error grave, por parte de los desarrolladores. Y se deben aportar mecanismos sencillos de instalación, como parte del ciclo de desarrollo. Los usuarios tienen que reclamar esas herramientas; y no aceptar productos medio terminados. Cuya instalación presenta un auténtico riesgo de error; resultando, casi, un hecho de fortuna, el caso de lograrse.

Por otro lado, existen procesos de instalación, sin intervención de usuario; tan desatendidos que, tras su ejecución, el usuario desconoce qué es lo que le ha ocurrido a su ordenador.

Después de cualquier instalación, un usuario debe de conocer: qué se ha instalado; dónde; qué elementos van a ser receptores de datos y van a estar creciendo constantemente; y cómo desinstalar el programa.

Lo ideal sería que una parte de la instalación, correspondiente a los programas, ocupará una única carpeta, y subcarpetas interiores. Y que la parte de datos de resultados, y datos de entrada de procesamiento, en otras dos carpetas: en la zona de usuario y en la zona compartida, y subcarpetas. Y que el usuario pudiera decidir dónde guardar las mismas. Aunque, finalmente, las carpetas principales, creadas allí, tuvieran el nombre de la aplicación.

Los sistemas informáticos son difíciles de instalar. Tal vez, exista una intención económica de fondo. Para que sea necesario contratar técnicos especializados en la instalación. En cambio, las aplicaciones para usuario final, sí se instalan con facilidad. Esta situación debe considerarse muy negativamente. Y no se debe aceptar. Sino que **hay que exigir que las instalaciones sean sencillas, siempre. Que se conozcan: qué, y dónde, se han instalado los programas y las zonas para datos; cómo desinstalarlo totalmente; y cuáles son los archivos de configuración y los de registro de mensajes (log).**

Los mensajes de error en la instalación y durante la ejecución

Las notificaciones de error deberían contener información detallada, y de fácil comprensión. En lugar de los mensajes cortos, llenos de abreviaturas, y códigos numéricos; poco claros; que habitualmente se escriben en los archivos de "log"; situados en carpetas, que no son fácilmente localizables; y para las que no hay una documentación clara, al respecto.

Dichos archivos, además, podrían llegar a crecer sin medida; causando problemas de rendimiento, y de capacidad, en los ordenadores que los alojan.

Los diferentes interfaces de usuario

El desarrollo de aplicaciones presenta gran diversidad de interfaces gráficos de usuario; con métodos, y herramientas de desarrollo, muy distintas; y con muy poca compatibilidad entre ellas.

Tal es el caso del desarrollo de interfaces gráficas de usuario; para Windows; para Apple OS X; para Linux, para Android; o para desarrollos Web, de escritorio, de dispositivo móvil, o de tablet.

Lo ideal sería que se fusionarán todos los desarrollos de interfaz de usuario. Y que emplearan el lenguaje HTML para su definición.

Las vías de acceso a la funcionalidad

En el diseño de un interfaz de usuario, puede ser muy interesante que existan diferentes caminos para llegar a una misma funcionalidad.

Sin embargo, no es aconsejable que existen diferentes elementos que realizan la misma funcionalidad. Ya que eso generará problemas en el mantenimiento del software.

El hecho de que existan diferentes caminos para que el usuario encuentre una funcionalidad facilita encontrarla. Sin embargo, dificulta la comprensión de la lógica del interfaz de usuario. Ya que introduce caminos múltiples para unos casos, y no para otros. El usuario podría creer que son funcionalidades distintas, cuando no lo son.

El motivo de crear distintos caminos es para proporcionar más agilidad en su acceso. Tal sería el caso de las acciones de los menús contextuales, que son un subconjunto de todas las posibles. Pero pone de manifiesto el hecho de que el acceso mediante niveles jerarquizados de menús, o agrupaciones de funcionalidades, no es el mejor camino para que se localicen. Cuando no se conoce bien dónde están. Esto mismo ocurre en la navegación por el sistema jerárquico de carpetas, dentro del sistema de archivos.

Lo ideal sería que exista una vía alternativa para acceder a las funcionalidades. No solo por navegación, sino añadiendo el acceso por palabras claves, y por etiquetas. Y que el resultado muestre las coincidencias encontradas, y las rutas de acceso por navegación. Además de permitir su acceso directo.

Los archivos de configuración

Cuándo se modifica un archivo de configuración es imprescindible hacer una copia de seguridad. El motivo de esto:

* La poca flexibilidad en el formato de dichos archivos.
* La incorrecta, o ausente, información acerca de los errores que se puedan cometer, y de cómo resolverlos.

Todo esto debe evitarse. Y toda aplicación debería tener una configuración base, con la que funcionar desde el momento de la instalación. A la que se pudiera regresar en los momentos en los que surjan problemas. Además, los archivos de configuración deben incluir mecanismos de revisión de su correcta sintaxis y semántica.

De manera que detecten claramente los errores cometidos. Para que puedan ser corregidos, hasta lograr una configuración que pueda ser totalmente comprendida por la aplicación que la utiliza.

Los interfaces de usuario secuenciales, 2D y 3D

El interfaz de usuario de línea de comando (CLUI) presenta texto de manera secuencial. Y no está planteado para que pueda acceder a él una vez escrito. Es semejante a la escritura en una hoja de papel. Una vez pasada la línea, es muy complicado volver a escribir en ella. También puede pensarse en ella como una cadena de producción. La información en estregada en un punto, y se mueve hacia el siguiente elemento de procesamiento. Y no está pensado que la cinta transportadora deba retroceder, salvo excepciones.

Esta forma de interactuar con el usuario, puede detener la escritura cuando sea necesaria realizar una lectura de texto. Con lo que no se pueden presentar múltiples elementos de escritura, en distintas líneas. Pues en el momento en el que se avanza de línea, ya no se pueden realizar lecturas en ella. Se puede entender que es un interfaz de una sola dimensión: horizontal. Pues la dimensión vertical es del ancho de una línea.

Es posible desarrollar interfaces de usuario de texto, en dos dimensiones. Que ocupan un tamaño fijo de 25 líneas de alto y 80 columnas de ancho. Esta es interfaz permite el uso de dispositivos de dos dimensiones, como el ratón. Y permite que se desplace la entrada de texto entre distintas líneas.

Los interfaces de dos dimensiones evolucionaron, rápidamente; desde los que se basaban en líneas de texto, a aquellos que no utilizaban ni ancho, ni alto, fijos. Sino que utilizaban pixeles para su definición. Y convertían los caracteres a pixeles, para presentarlos. Pronto se incorporaron elementos tridimensionales; situando, cada interfaz de usuario gráfico, en una ventana; y permitiendo que se crearan nuevas ventanas, desde cada ventana. Estas ventanas se situaban en posiciones de profundidad; sobre unas, o bajo otras.

El éxito de los interfaces tridimensionales hizo que surgieran variantes distintas para cada sistema operativo. Lo que supuso un problema a la hora de desarrollar aplicaciones multi.plataforma.

Para unificar todas las posibilidades de representación gráfica, se desarrolló un lenguaje que permitían tanta la entrega como la recepción de información: HTML. Y, a la vez, definir su formato presentación, incluyendo elementos multimedia.

Esta combinación era eficiente en el trabajo entre usuarios y aplicaciones. Pero no lo era entre aplicaciones. Por lo que pronto se crearon mecanismos para separarlos. Y para ello se crearon las hojas de estilo. Hay que indicar, también, que el lenguaje HTML no soportaba el dibujo de pixeles, hasta la versión 5.

En cuanto a la estructura de las aplicaciones, el paradigma MVC, por ejemplo, propone separar la parte visual (Vista) de las otras. Y es un comportamiento muy recomendable. Pues el interfaz de usuario sufre muchos cambios. Y tiene muchas formas de representación distintas; algunas, incompatibles.

Se debería definir un lenguaje de definición de interfaces de usuario que fuera válido para representaciones en 3D, 2D, y secuencial. Sin embargo, estas características aún no han logrado unificarse, principalmente, por el problema de la integración con la representación secuencial.

Lograr unos intermediarios, de representación de interfaz de usuario, que fueran válidos para modo el secuencial, 2D, y 3D, facilitaría enormemente el desarrollo de las aplicaciones. Pues evitarían, al programador, tener que preocuparse de las limitaciones de la capa de presentación. Además, podría adaptarse para funcionar, también, como interfaz entre aplicaciones.

Para independizar, totalmente, el lenguaje de descripción de la interfaz con el usuario, y los elementos de representación de los mismos; deberían independizarse los aspectos relativos al ancho, el alto, y profundo, de la zona de visualización. Por lo que debería presentar un "lienzo" infinito. Y establecer los mecanismos para desplazar el "puerto de visualización" mediante controles, que manejara el usuario.

Los lenguajes de programación

Las referencias nulas

La mayoría de los lenguajes de programación utilizan referencias a memoria que pueden tomar valores nulos. Este comportamiento da lugar a muchos problemas. Ya que, en la mente del programador, nulo, no es una característica de los objetos que se encuentran en el mundo real.

Por ese motivo, no suele realizar la comprobación de dicha posibilidad. En el caso de las cadenas de caracteres; la posibilidad del valor nulo, se comprueba junto con la posibilidad de la cadena vacía. Lo que es una redundancia. Además, las cadenas de caracteres, nulas, causan excepciones. Y suelen aparecer mal, cuando se las intenta presentar en pantalla.

No deberían permitirse asignar valores nulos a las variables, salvo en el momento de su declaración adelantada. Por tanto, todas aquellas funciones, o métodos, que retornan un valor; pero que, en caso de error retornan nulo; deben evitarse. Pues generan problemas al no ser un comportamiento normal en el mundo real.

Así pues, en programación, no deberían de hacerse asignaciones nulas; y las funciones no retornar un nulo como resultado.

Los valores "especiales"

A menudo sucede que los valores, que solo pueden ser enteros, toman el valor − 1. Cuando quieren indicar una situación especial. Este comportamiento es problemático. Ya que se produce una ruptura, entre los valores esperados y los recibidos. Lo mismo que sucede en el caso de los nulos.

El diseño de métodos, y funciones, deben considerar, de manera diferenciada la vía de notificación de situaciones especiales, y la vía de presentación de resultados. La reutilización mezcla conceptos. Y puede dar lugar a su mala utilización.

Las excepciones

Muchos lenguajes de programación permiten el uso de las excepciones. Sin embargo, su uso conlleva ciertos riesgos:

1. El primero, es el hecho de que, si no se captura una excepción, el programa finaliza. Por lo que sólo deben usarse las excepciones

cuando justifiquen la terminación de un programa. Si se utilizan las excepciones, como medio normal de transmisión de los mensajes de error; nos encontramos con un código lleno de capturas; y en mitad del código de programación.

    a. Las excepciones deben capturarse únicamente cuándo la función termina, y no en mitad de su ejecución. Esta práctica genera un código limpio. Mientras que la otra resulta mucho más compleja que si se hace otro tratamiento de errores.

2. Además, si la captura de la excepción, se realiza en una función de nivel superior a aquella donde se ha producido. Entonces, su corrección, donde se ha generado, resulta compleja. Ya que la localización del error, que generó la excepción, requiere de la revisión de la pila de las llamadas de funciones. Lo causa que se presenten de mensajes de error difíciles de entender, para el usuario normal. Y que aparentan ser muy graves.

3. Por otro lado, cuando el sistema lanza una excepción, realiza tareas internas de recopilación de información, del estado del programa. Lo que consume tiempo de ejecución. Así, por ejemplo, si la comparación de dos números lanzará una excepción, cuando fueran iguales. Este modo de programar causaría grandes retardos; debido al procesamiento de la excepción. Y es, claramente, un error conceptual.

Respecto a aquellas operaciones, con elementos que requieren de su apertura y su cierre; la programación con excepciones se vuelve muy compleja.

Si antes del cierre, se produjera una excepción, que saltara el código que debería realizar dicho cierre, tendríamos que añadir código específico para detectarla; y resolver allí dicho el cierre.

Los errores

El mecanismo de tratamiento de errores más sencillo es aquel que hace que todos los métodos; excepto los "getter", "setter", "founders" constructores, y destructores, principalmente; retornen un valor booleano. En el que, verdad, significa que no hay errores; y, falso, significa que los ha habido. Y, además, que informen, en un mensaje de texto, cuál ha sido el error. Dicho mensaje podría ser traducido a distintos idiomas. Y sería un parámetro de salida de todos los métodos, salvo en casos particulares.

Las políticas de tratamiento de error pueden ser de varios tipos.

- La mejor es la que no tolera errores. De modo que, un retorno falso, genera una cascada de retornos falsos. Hasta que se encuentra el código que gestione esos errores.

- Otra opción es permitir los errores; anotándolos, y notificarlos en aquellas partes del código específicamente habilitadas para su gestión. Ese es un método de tratamiento de error que tiene sentido en el caso de los errores leves. También hay que tener en cuenta que su tratamiento es complejo.

- Otra posibilidad es la de ignorar los errores. Y que sea, la acumulación de los mismos, o sus consecuencias, la que cause un error irreparable. Esta política es, sin duda, la peor de todas. Pero es habitual en los programadores novatos. O de aquellos que no quieren tener que ocuparse de los errores. Que ellos mismos generan. O que provienen de las rutinas que utilizan.

En ocasiones, surge un exceso de preocupación por los errores, en los programadores. Que acaban haciendo comprobaciones redundantes, o sin sentido. Así, por ejemplo; comprobar, constantemente, si una cadena de caracteres es nula; es un error. Pues se supone que nunca debe serlo. En general, nunca debe manejarse la posibilidad de que sean nulos los objetos con los que se trabaja. Los datos de trabajo no deben utilizarse para indicar errores en las operativas. Esto añade vías duplicadas de notificación; o elimina las vías especializadas, lo que es un error.

Las operaciones de apertura y cierre

Existen operaciones que precisan del uso de métodos de apertura y cierre. Los cuales requieren un tratamiento especial; en caso de que se produzcan errores que obliguen al cierre, fuera de la secuencia correcta de ejecución.

Lo recomendable sería que las operaciones de apertura, y cierre, estuvieran siempre en el mismo método. Y en él se debe realizar el tratamiento de errores.

Otra opción sería la programación de destructores; si el lenguaje es orientado a objetos, y permite esa posibilidad. Pero esta posibilidad no se recomienda, en absoluto. Pues solo es válida para un grupo de lenguajes de programación, es decir, que no es genérica. Además, existen lenguajes orientados a objetos en los que el uso de destructores no sigue la secuencia lógica de ejecución. Sino que es gestionada por procesos concurrentes internos.

Los constructores son unos métodos que se llaman automáticamente. De modo que no se necesita escribir el código de la llamada. Esto genera un código escrito incompleto. Pues, en él, faltan llamadas a métodos, de manera explícita. Lo que hace más complejo su entendimiento. Además, los constructores no retornan valores. Y solo pueden notificar errores mediante excepciones. Lo que produce un código lleno de capturas. Más complejo que si, en lugar de usar constructores, se llamará explícitamente a métodos que hicieran una tarea semejante. Además estos métodos serían reutilizables. Y podrían emplearse en otras partes del código.

¿Por qué los métodos que son iguales, son diferentes?

Los diferentes lenguajes de programación van acompañados de librerías; cuyas funciones, clases, y métodos, son diferentes de las de los demás lenguajes de programación. Esto obliga, a un programador que cambie de lenguaje de programación, a volver a aprender todo lo que ya sabía. Solo porque hay ligeros cambios en ello.

El problema de los diferentes nombres de métodos, funciones, clases, etc., que se utilizan para conseguir lo mismo; y que cambian, de un lenguaje de programación a otro; debería corregirse; y crearse un conjunto único para todos los lenguajes.

Los nombres de los elementos definidos en los programas

La forma de dar nombre a las funciones, y métodos, debería ser empleando un verbo en infinitivo, seguido de un predicado. Aunque se les podría poner un prefijo para indicar el archivo, o módulo, al que pertenecen.

Las clases, y las variables, no deberían comenzar por verbo en infinitivo. Las clases deberían tener su nombre en plural. Y, así, los objetos que se crean de esas clases, podrían tener el mismo nombre pero en singular.

Todos los nombres deben utilizar palabras completas, separadas por guion bajo; y sin hacer uso de caracteres especiales, no incluidos en el alfabeto latino simplificado, ni propios del idioma. No se recomienda el uso de letras mayúsculas. Porque dan lugar a confusión cuando se dictan. Y ocasionan confusiones cuando se tratan de recordar de memoria. También generan problemas las abreviaturas. Pues se pueden corresponder a más de un término.

El alcance de métodos y atributos

Los métodos de las clases deben ser siempre públicos. Eso garantiza que puedan sustituirse en las clases derivadas.

Además, sí un método puede ser estático, favorecer su existencia. Pues son más independientes; y, por tanto, los cambios dentro de las clases les afectan menos.

Los atributos deben ser siempre públicos. Aunque pueden presentarse métodos para acceder a ellos. Estos métodos permitirían que los objetos pudieran utilizarse de manera remota. Algo que el acceso mediante atributos no permite.

Las actualizaciones

Las aplicaciones deberían incluir, todas, mecanismos para controlar que existan nuevas versiones, que corrijan los errores que puedan tener. Para hacer esto, tendrían que incorporar algunas librerías. Las cuales se configurarían para consultar con repositorios donde contrastar si se deben actualizar, o no. Está solución depende obviamente de que exista conexión de Internet; o conexión, en general, con dichos repositorios.

Las constantes actualizaciones de los programas informáticos causan, en los usuarios, la sensación de que el producto inicial estaba lleno de errores. Además, existen dudas respecto a las consecuencias de los cambios que esas actualizaciones producen en el programa original. De hecho, se ha generado la creencia, sin demostrar, de que las actualizaciones tienen como objetivo aumentar el consumo de memoria, y aumentar el tiempo de procesamiento. Lo que da lugar a un malestar, entre los usuarios. Este rumor que no se desmiente, por parte de los desarrolladores de software, lo que resulta sospechoso. Y es observable que los programas que al principio eran rápidos y eficientes, con la llegada de las actualizaciones, empiezan a funcionar con peor rendimiento, llevando a algunos usuarios a plantearse si cambiar su equipo.

Deberían describirse bien los errores que corrigen las actualizaciones. Si estas aportan un aumento de funcionalidades, u de otras prestaciones. O si implican un detrimento en el rendimiento, pero otras características que lo compensan.

Nuevos lenguajes de programación, marcos de desarrollo, e intermediarios con las bases de datos

Existen multitud de lenguajes de programación. Cada año aparece algún lenguaje nuevo. Y ninguno termina de satisfacer a los programadores.

A la hora de elegir un lenguaje de programación:

- Unos de los elementos más importantes, a tener en cuenta, es que sirva para multitud de plataformas, y sistemas operativos.

- Otro de los aspectos a considerar, es que cuente con una amplia variedad de librerías. Que faciliten abarcar el máximo de posibles desarrollos de programas.

- También, hay que planificar la sostenibilidad del lenguaje en el futuro. Ya que, un error al seleccionar el lenguaje de programación, puede hacer que todo el código deba ser reescrito. Tal como ha ocurrido con lenguajes que han dejado de emplearse, como: Fortran, Cobol, Visual Basic, Clipper, Delphi, etcétera.

Lo mismo que ocurre con los lenguajes de programación, sucede con los marcos de desarrollo, o frameworks. Estos prometen ahorro de tiempo; o funcionalidades interesantes, que se consiguen con poco esfuerzo. Sin embargo, a menudo estos marcos de desarrollo son complejos de entender. Y precisan de una curva de aprendizaje muy costosa.

Hay que hacer un estudio de futuro en la mantenibilidad del marco de desarrollo. Y si compensa su uso; en comparación con la opción de realizar un desarrollo, sin recurrir a los complejos elementos adicionales aportados por el marco.

También, a menudo, surgen nuevos modos de acceso a las bases de datos relacionales; utilizando elementos, o servicios, intermediarios, o brokers. Su objetivo parece ser evitar al programador de la necesidad de conocer SQL. Y prometen otras características que parecen muy interesantes.

Sin embargo, elegir el intermediario con los sistemas de base de datos es complejo. Además, con el tiempo, se van quedando obsoletos. Mientras que el lenguaje SQL tiene una continuidad casi garantizada. Aunque no termina de ser totalmente igual entre los distintos sistema gestores de base de datos.

Declarar los tipos de datos

Los lenguajes de programación suelen precisar de la declaración del tipo de dato que van a contener las variables que se usan en un programa. Este comportamiento no se encuentra en el mundo real, y resulta extraño para los nuevos programadores. Por ese motivo, los lenguajes que no requieren declaración de tipos de datos, son preferidos por ellos. Aunque pueden contener datos de un tipo distinto, en tiempo de ejecución; si no se añaden controles adicionales. Y que las optimizaciones de código resultan más fáciles cuándo se conocen los tipos de datos de las variables, y no pueden cambiar.

Esto nos lleva a la eterna disputa entre: la eficiencia, y la sencillez: **Lo que cumple con sus cometidos de la mejor manera posible, lo eficiente, suele ser complicado; y lo que se consigue con facilidad, lo sencillo, no suele dar el resultado más deseable**. Algo semejante a la disputa entre: la velocidad, y la seguridad: **La velocidad hace que se tienda a evitar los controles, arriesgándose a fallar; y la seguridad los establece abusivamente, ralentizando la ejecución**.

En general, la norma a seguir sería: **"la virtud está en encontrar el término medio entre extremos opuestos"**.

La migración del lenguaje de programación

Cuando los sistemas tienen un código muy maduro. Y, por tanto, con la mayoría de sus errores corregidos. La eficiencia toma más relevancia. Y esto puede obligar a cambiar el lenguaje de programación utilizado. Lo que es un gran problema.

Así, un lenguaje de programación interpretado puede tener que ser migrado a un lenguaje que genere código máquina, o de máquina virtual. Todo, para conseguir un mejor tiempo de respuesta. Sin embargo, **el esfuerzo de hacer migraciones de lenguajes de programación, es muy grande. Y conlleva el riesgo de que surjan errores al hacerlo.**

Por ese motivo resulta sumamente importante elegir bien el lenguaje de programación que utilizar. Si la aplicación pretende perdurar en el tiempo, deberá optar por la eficiencia. Si es para un uso dentro de corto plazo y por poco tiempo. Entonces los lenguajes que más rápido permite desarrollar la aplicación serán los elegidos. Aunque su rendimiento sea peor.

Modernizar los lenguajes de programación

Los lenguajes de programación, inicialmente, estaban pensados para tener un uso científico y matemático. Sin embargo, su uso está mucho más relacionado con la lingüística y la gramática. Por ese motivo, deben modernizarse y cambiar algunas de sus características.

Por ejemplo, el uso de arrays no es algo habitual en el lenguaje natural. Mientras que el uso de listas, colecciones, y diccionarios; sí es algo corriente.

El hecho de que estos los elementos; y otros, como las cadenas de caracteres en las bases de datos; tengan una longitud fija, es un grave inconveniente. Ya que casi nunca se conocen, a priori, las necesidades de almacenamiento.

Además, las estructuras estáticas de datos son redundantes; frente a las estructuras dinámicas, que son más flexibles, porque pueden ser construidas en tiempo de ejecución. Por lo que eliminar las primeras podría ser un beneficio.

Los números

En los valores numéricos, por lograr gran velocidad de cálculo; se ha sacrificado el límite numérico, en cuanto a rango máximo, y mínimo, alcanzable. Esto es un grave inconveniente. Que limita los sistemas. Y produce resultados descontrolados; cuando se superan los rangos; y no se añade código para prevenirlo, o solucionarlo.

Lo recomendable es utilizar números enteros que no tengan limitaciones en su rango. Para ello su formato se debería asemejar al de las cadenas de caracteres ilimitadas; muy habituales en los lenguajes de programación.

Otro problema grave lo presentan los números en coma flotante que, aunque son muy rápidos en sus cálculos, no son precisos para todos los valores. Y, así, existen saltos entre un valor y el siguiente. Que no pueden ser representados. Esto hace que no se puedan utilizar si se quiere tener una precisión completa. **Deben de utilizarse sistemas de números decimales que no estén limitados, ni en tamaño, ni en capacidad de representación.** A pesar de que eso implique un mayor tiempo de procesamiento.

El paso de parámetros

Respecto a los procedimientos, funciones, o métodos; estos pueden tener distintos modos de paso de parámetro:

- **Parámetros de entrada, únicamente.** Se pasan por valor. Si el valor pasado es una referencia, entonces puede modificarse el objeto referido. Pero no el valor de la referencia.
- **Parámetros de modificación.** Se pasan por referencia. Es un caso particular de los parámetros de entrada. Y pueden tener una forma de declararlos específica.
- **Parámetros constantes.** Son referencias pero no se perite modificar el elemento referenciado.
- **Parámetros de salida.** Son referencias a referencias. Es decir, que un objeto creado nuevo dentro de la función puede ser referenciado desde fuera, pues su localización es devuelta en el parámetro, el cual era una referencia a un espacio reservado para guardar esa referencia al nuevo objeto. Son un tipo particular de parámetro de modificación. Y pueden tener una forma de declararlos específica.
- **Parámetros opcionales.** Pueden no utilizarse en la llamada al método, procedimiento, o función. Son de entrada, y tienen un valor por defecto definido en su declaración.

El desarrollo de una aplicación informática está sometido a gran cantidad de cambios; para adaptarse a muchos imprevistos que surgen a lo largo de su ciclo de vida. Por ese motivo, resulta habitual que los parámetros de entrada necesiten ser convertidos en parámetros de modificación. Ya que la práctica pueden contradecir la idea teórica; y ser necesario alterar los parámetros que, inicialmente, se consideraron solo de entrada. Lo que obliga a cambiar la firma de la función. Sin embargo, si se hubiera optado, siempre, por considerar todos los parámetros de modificación; entonces no hay que cambiar la declaración de la función.

Por otro lado, existen parámetros imprescindibles y parámetros opcionales. Los imprescindibles se suelen poner en el momento del desarrollo del análisis. Y los opcionales pueden añadirse a medida que el desarrollo muestra su necesidad.

Por ese motivo, **es importante que las funciones permitan un número variable de parámetros, siempre.** Dichos parámetros deben tener un valor por defecto, en caso de que no se pasen. O existir un mecanismo para conocer si existen, o no se pasaron en la llamada.

Como las posibilidades de uso de los parámetros extendidos es muy grande, el primer parámetro extendido debería ser un identificador que ayude a conocer cuáles serán los parámetros que debe esperar encontrar. En general, **un mapa con pares clave-valor puede servir para extender los datos que recibe una función**.

Respecto a los parámetros, como se ha mencionado, **no se recomienda el uso de parámetros de entrada. De modo que, el lenguaje de programación ideal sería el que pasara todos los parámetros por referencia, para que puedan cambiar de valor.** Y que indique, como información para el programador, cuales son datos de entrada o modificación; cuales esperan contener los nuevos objetos resultantes, como salida. Y un parámetro final, especial, que sirva como mapa para gestionar los parámetros opcionales. Esto implica que no se pueden aceptar constantes como parámetros. Pues todo sería tratado como paso de parámetros por referencia.

Nada es constante

El concepto de que algo es constante; no se ajusta a la realidad, en la mayoría de los casos. Y el propio ciclo de vida en el desarrollo muestra que; lo que inicialmente se planteó como constante, al final, debe flexibilizarse y permitirse que cambie.

Por ese motivo **no es recomendable el uso de constantes.** Y, todas ellas, deben de tratarse como variables. Aunque identificadas de alguna manera; por ejemplo, con el prefijo: k_; para dejar claro que han sido planificadas como posibles constantes; en cuanto a la intencionalidad; no en cuanto a las posibilidades de trabajo con ella que el desarrollador practique.

Igual que una constante tiene que pasar a ser variable, por exigencias de las circunstancias del ciclo de vida; es muy habitual que ocurra que una función privada, o protegida, dentro de una clase deba cambiar su alcance y pasar a ser pública.

Por este motivo, **es recomendable que todo sea público en las clases**. Esto implica que pueda ser sustituido, mediante el mecanismo de la herencia. Lo cual da un gran control, y versatilidad, al programador.

La forma de trabajo con "getter" y "setter" es recomendable en previsión de llamadas a procedimientos remotos, o invocaciones a métodos remotos; para poder alterar su comportamiento mediante la sobrecarga; o para establecer controles adicionales en ellas. Sin embargo, consumen tiempo de procesamiento, y añaden carga de código en las clases. **Por este motivo, se recomienda realizar una doble aproximación: el uso de atributos públicos; y la creación de "setter", y "getter", solo si son realmente necesarios**.

Por otro lado, existes acciones tan básicas que no tiene sentido que deban atenderse a sus posibles errores, porque no los hay, o ya están gestionados por otras vías. Es el caso de los "founders". Construyen un conjunto de operativas "seguras". Principalmente, las acciones que no tienen relación con los dispositivos del ordenador. Por lo que solo trabajan con el procesador y la memoria. Estos métodos no tienen que retornar un valor booleano, ni escribir parámetros con mensajes de error.

Las sobrecarga o polimorfismo

Puede suceder de una misma función pueda realizar sus operaciones con conjuntos de datos de entrada diferentes. Para resolver esta circunstancia, se han creado, en algunos lenguajes de programación orientada a objetos, la posibilidad de sobrecargar los métodos. Es decir crear un polimorfismo, asociado al mismo nombre de método. Esto no ocurre en otros lenguajes de programación, por lo que el criterio unificador sería no utilizarlo. Sino realizar un añadido al nombre del método que los diferencie.

Esta solución, es más universal. Pero obliga al programador a aprender nombres de métodos que son variaciones de uno más general. Sin embargo, se esfuerzo se ve compensado por una mejor comprensión del código. Así, sobrecargar un método llamado: leer, generaría versiones para leer archivos, y leer páginas Web. Esto daría lugar en dos versiones: leer_archivo y leer_pagina_web. Lo que documenta mejor el código. Y no obliga a conocer el tipo del parámetro, para saber a cuál de las dos versiones se llamaría en tiempo de ejecución.

Instrucciones redundantes

Los lenguajes de programación presentan muchas instrucciones para la realización de bucles; alguna de ellas, incompatibles entre distintos lenguaje de programación. Esto es un problema, a la hora de escribir código, y migrarlo a otro lenguaje de programación. **Lo ideal sería que existiera un único modo de crear bucles. Y exista una única instrucción de salida de bucle. Con ese conjunto mínimo es suficiente.**

En el caso de recorrer elementos estructurales complejos bastaría con aportar métodos para obtener el primer elemento, los elementos siguientes, y conocer cuando se alcanza el final de la lista.

Una solución adicional consistiría en hacer uso de objetos conteniendo los métodos ya mencionados; o de funciones de retrollamada, también conocidas como de "callback", en respuesta a cada uno de ellos.

Evitar conocer lenguajes de programación

Desde los primeros inicios de la informática, se ha intentado evitar que el usuario deba conocer lenguajes de programación. Esto es un error.

Y cuando se ha intentado ponerlo en práctica, se ha producido el efecto contrario. De modo que se han creado de miles de lenguajes específicos, y muy limitados; formatos propietarios; y mecanismos de captura de órdenes del usuario, por medio de formularios.

Todo este esfuerzo, ha consumido mucho tiempo. Y no ha logrado evitarle problemas al usuario. Además, ha generado la necesidad de aprender muchísimos procedimientos distintos para definir cosas que, con un único lenguaje de programación, se habrían podido lograr más fácilmente.

Por este motivo, **todos los mecanismos de recepción de instrucciones del usuario, debe unificarse; para facilitar que sean definidos mediante la escritura de código, empleando un lenguaje único. El cual podría tener prohibidas ciertas operaciones, para ciertos casos.**

Así, por ejemplo, los datos de configuración de una aplicación deberían almacenarse como código de programación. Pero estarían prohibidas, en dicha la declaración, las llamadas a métodos; permitiéndose, únicamente, definir, dentro de estructuras previamente definidas, los valores deseados. Para ello, bastaría con indicar, al analizador léxico de ese lenguaje de programación, las restricciones adecuadas.

Igualmente, podría plantearse la posibilidad de que el código pueda hacer llamadas, solo, a un pequeño su conjunto de métodos. Y no pueda crear nuevos métodos. O que sí pueda; en función de un control de permisos, semejantes a las listas de control de acceso.

Esto establecería el principio siguiente: **"El mejor mecanismo de comunicación del usuario, con el ordenador, es el uso de un lenguaje de programación".**

Un caso de uso, de esta idea, generaría cambios en el manejo de los editores de texto. De modo que, para cada acción, se llamaría a un método, con sus parámetros; en lugar de a un formulario para que recoja esos parámetros y, finalmente, actuar.

Eso haría muy fácil de extender el comportamiento del editor, sin precisarse la creación de cajas de diálogo adicionales. Al evitar tener que crear nuevas vistas, es decir, interfaces de usuario, en cada nueva funcionalidad; bastaría con instalarle los añadidos correspondientes con el comportamiento; es decir, con el control y el modelo.

Otro ejemplo sería un editor de imágenes. Que realizara acciones, sobre una selección de píxeles, mediante llamadas a funciones, con sus parámetros. Por supuesto, existirán operaciones que requerirían interactuar visualmente con el usuario; pero muchas otras no.

Las conversiones de datos

Existen lenguajes de programación que hacen conversiones de datos implícitas. Estos lenguajes obligan a un conocimiento, de su funcionamiento interno, adicional al del lenguaje de programación. Por lo que se precisa un mayor aprendizaje.

Así, la conversión de una cadena de caracteres, a un número, sigue unas normas que pueden cambiar, de un lenguaje a otro. De modo que, en unos, se genere un valor nulo; para una cadena sin números; y, en otros, un valor 0. O que, para unos, solo se conviertan números enteros; y, para otros, se permitan el punto decimal, y el símbolo de exponenciación.

Por este motivo, **no son recomendables las conversiones implícitas. Y se deberían utilizar, siempre, conversiones explícitas. Que son controladas por el programador, y observables a nivel de código escrito.**

El control de los bloques de las bifurcaciones

La programación informática utiliza normalmente lenguajes; o bien interpretados, o bien compilados.

Los lenguajes interpretados impiden la realización de algunas de las comprobaciones, sobre el código fuente, que los lenguajes compilados pueden hacer. Como son la comprobación de los tipos declarados en las variables; y las detección de errores de escritura de los elementos incorporados al código.

Por otro lado los lenguajes interpretados permiten una mayor concentración en los algoritmos que programar; dejando aparte los elementos declarativos, obligados en los lenguajes compilados.

En ambos casos; pero, especialmente, en los lenguajes interpretados; es importante saber si todas las bifurcaciones de las instrucciones condicionales han sido recorridas alguna vez, por la ejecución del código.

Para ello, es necesario introducir métodos de certificación del paso por cada sección de las bifurcaciones. Y que el paso ha sido causado por cada una de las posibles condiciones que daban acceso a ella.

Para realizar un seguimiento efectivo, **es muy importante cambiar todas las expresiones complejas de las bifurcaciones; por sus equivalentes simplificados.** De modo que; aquellas que utilizan operadores lógicos, que utilizan paréntesis, y que están compuestas por términos que pueden dividirse; deben descomponerse.

Esto hace que el código sea más extenso. Pero aporta mayor facilidad de comprensión. Y resulta mucho más fácil certificar el paso por los caminos de las bifurcación que han sido recorrido. Lo que puede ofrecer una medida sobre el porcentaje del código probado en una aplicación. Esto serviría como medida de garantía sobre las pruebas realizadas a la aplicación.

Si se programaran todas las condiciones de bifurcación de las aplicaciones para conocer si la máquina ha pasado por ellas, se podría saber el porcentaje de la misma que ha sido probado. Si cada vez que se pasa por bloque se tuviera un sello de tiempo de su último paso. Entonces, cuando hubiera un error, se conocería la traza ejecutada dentro del método, o función, en el que se produjo el error.

Cuando una aplicación alcanzara el 100% sin errores, se podría determinar que está bien programada. Aunque eso no garantizaría que estuviera libre de errores. Pues estos también pueden provenir del uso de datos, sin las suficientes validaciones; o de comportamientos que no se tuvieron en cuenta, en la programación.

Para convertir expresiones lógicas complejas en expresiones compuestas por bifurcaciones, hay que utilizar muchas variables temporales. Algo que no le suele gustar a los programadores. Ya que cada asignación a las variables temporales retrasan las llamadas a las operaciones funcionales. Sin embargo, es preciso hacerles entender su utilidad para garantizar la calidad de los programas.

Los lenguajes de programación EPI

Los lenguajes de programación EPI constituyen una categoría en desarrollo. Y son muy particulares. Ya que deben ser capaces de generar código para otros lenguajes de programación; cuantos más, mejor. Eso reduce su conjunto de elementos al mínimo. Por lo que no son lenguajes de programación orientada a objetos, sino que están orientado a funciones, o métodos; haciendo idéntico el concepto de módulo, con el de función. Pero añaden un prefijo, o sujeto, que agrupa las funciones, semejante a los "namespaces".

Estos lenguajes de programación tienen tres ámbitos de definición:

1. El primero es el de definir Procedimientos y actividades.
2. El segundo es para de modelar Entidades y comportamientos.
3. Y el tercero es para definir Interfaces. Más extenso que las definiciones de entidades, incluye capturas de excepciones y la

inserción de código que no sea del propio lenguaje de programación.

De ahí viene el nombre EPI (Entidad-Procedimiento-Interfaz). Sin embargo, EPI se puede entender como la unión de tres lenguajes de programación muy semejantes, denominados: E, P, e I.

Respecto a su capacidad de definir procedimientos, este lenguaje solo trabaja con funciones, y con parámetros de función. Es por lo que su expresividad es limitada. Sirve, básicamente, para esbozar bocetos previos al desarrollo; es decir, para una fase de ingeniería del software. Y permite definir paralelismos, y sincronización de ramas paralelas

En el aspecto de la definición de entidades, permite la escritura de funciones. En donde se permiten la creación de variables estructuradas: entidades. Con lo que da la opción de definir funciones completas traducibles a la mayoría de los otros lenguajes de programación.

El tercer ámbito, permite la captura de excepciones, y la inclusión de código que no es EPI, dentro del código de programación.

Otra característica peculiar de estos lenguajes de programación es que no tienen los operadores lógicos: "y" y "o", pero mantiene la negación "no" dentro de la instrucción condicional. Tampoco tiene por qué cumplir la precedencia de operadores matemáticos. Por lo que se obligan al uso de los paréntesis en todo momento.

Esto obliga a realizar una programación llena de bifurcaciones de predicado único. Lo que facilita la comprensión del código; y el establecimiento de sentencias de control, para verificar el paso por las bifurcaciones, de condición simplificada.

Una aplicación en la que la ejecución de sus instrucciones se haya producido, en todas las ramas de las bifurcaciones de lógica simple de su código, puede considerarse probada en un porcentaje muy alto.

La declaración de variables se permite con tipado fuertes, y no pueden cambiar el tipo que contienen.

La forma de indicar el tipo de datos es mediante la asignación, en el momento de su declaración.

Los tipos posibles son: tipo estructura, no se le asigna valor inicial; tipo booleano, sus valores son verdad o falso; tipo entero con signo (ilimitado, se trata como cadena de caracteres); tipo decimal (ilimitado, se trata como cadena de caracteres); tipo cadena de caracteres UTF8; tipo referencia a variable; y tipo referencia a función.

El lenguaje no tiene instrucciones de reserva de memoria estática. Por lo que no hay arrays.

Exige declaración explícita de variables, que puede hacerse en cualquier momento. Y tienen el ámbito de toda la función, a partir de su declaración. La primera asignación que reciben define su tipo.

Los parámetros se pasan, todos, por referencia; por lo que son susceptibles siempre de ser modificados. Hay parámetros de entrada-modificación, y de salida. Estos últimos, son referencias a referencias. Sirven para ofrecer un objeto creado nuevo dentro de una función.

En cualquier momento se pueden añadir, o quitar, campos a las entidades estructuradas. Las estructuras de datos pueden contener referencias a funciones.

No hay constantes en el lenguaje, pues se considera que todo puede cambiar.

Los enumerados son estructuras de datos igual que cualquier otra.

Todas las funciones retornar un valor booleano; indicando verdad, si todo ha ido bien; y falso, si ha habido algún error.

El generador de código, automáticamente, añade rutinas para finalizar las funciones si alguna de las llamadas; dentro de esta, a otras funciones; retorna falso. Esta posibilidad, es opcional, y se define en la cabecera de la función.

Es obligatorio que se comenté lo que hace la función; y para qué sirve cada parámetro.

El lenguaje permite que los nombres de las funciones contengan espacios en blanco.

Cada elemento de la estructura es una palabra, aunque pueden juntarse varias mediante el guion bajo; y se separan por el operador: de. El orden de acceso a los atributos es de izquierda a derecha; del más interno, al más externo.

El lenguaje comprueba el vocabulario que se utiliza en los nuevos, para asegurarse que sean palabras completas y que cumplen con el conjunto de palabras aceptadas. El cual no debe contener sinónimos. Además, se establece que el nombre de las entidades debe estar en plural, y el resto de variables en singular. No emplea conjugaciones verbales, solo el infinitivo. Y controla los acrónimos, abreviaturas, etc. Además, solo se permite utilizar letras minúsculas, y los caracteres simplificados del alfabeto latino.

Presenta 4 tipos de bloques distintos: un bloque condicional; un bloque repetitivo; bloque de paralelización (lenguaje P); y un bloque de sincronía de paralelización (lenguaje P). Cada bloque tiene un símbolo de inicio, seguido de fin de línea; y un símbolo fin de bloque, precedido por fin de línea, y seguido por otro fin de línea. De manera que el fin de línea forma parte de la sintaxis del lenguaje.

El lenguaje no tiene variables globales. Por lo que todo debe estar concentrado en estructuras de datos. Y se transfieren con parámetros. Pueden ser modificadas dentro de las funciones. Y sus atributos se añaden, o quitan, utilizando funciones.

No existe el concepto de valor nulo: null. Aunque hay funciones para conocer sí una variable tiene, o no tiene, un atributo.

El desarrollo de aplicaciones

El paradigma modelo-vista-controlador

Existe un principio, en el desarrollo de software, que promulga la separación entre: el modelo de la aplicación; la vista, referido a los interfaces de usuario; y el controlador de su comportamiento. Este modelo, denominado MVC, permite que, un cambio en el interfaz de usuario, afecte mínimamente a los otros elementos de la aplicación. Y, por lo tanto, es muy recomendable su aplicación.

La distinción entre el modelo y el controlador, puede resultar confusa, en ciertos casos. Por lo que existen paradigmas que ofrecen algunas variaciones respecto al MVC, que también resultan apropiadas en muchos casos. Lo fundamental; **la recomendación de separar el interfaz de usuario, y el resto del desarrollo; es consecuencia de la complejidad de dicho interfaz, y de su constante cambio**; debido a los cambios de tendencias, o al desarrollo de nuevos métodos para dicha función.

Además, la interfaz de usuario no suele ser compatible con la interfaz que permitiría a una aplicación manejar otra. Lo que es un problema. Pues perjudica las automatizaciones de tareas, en las que un proceso sustituiría a un usuario. Cuando su comportamiento es repetitivo y, por tanto, programable.

Los interfaces de usuario deben modificarse para poderse manejar desde otras aplicaciones, además de desde las acciones que el usuario realiza.

La vista de los interfaces de usuario

El desarrollo de interfaces de usuario es una tarea muy complicada; ya que depende de los dispositivos de presentación para dar una vista adecuada. Por ese motivo, suele ser habitual diseñar diferentes vistas, en función de las características del dispositivo; por ejemplo, una vista para la pantalla del ordenador, otra vista para la pantalla pequeña de un móvil, otra para la pantalla grande, otra para la pantalla de un tablet; y variaciones para el caso de que, el ancho y el alto, se intercambien.

La solución, a esta complejidad, podría reducirse. **La vista debería presentar controles visuales que se pudieran recolocar.** De manera que el sistema pudiera desplazarlos para ajustarlos al tamaño de la pantalla. E, incluso, que el propio usuario pudiera recolocarlos a su gusto. Además, **la pantalla física debería ser independiente de la pantalla virtual. Para que la primera pudiera desplazarse libremente sobre la segunda.**

Los eventos de las interfaces de usuario

Respecto a la gestión de los eventos, de los elementos que maneja el interfaz Web. Estos se centran en los formularios; en los hipervínculos; y en otros controles adicionales, que pueden provenir del lenguaje de programación JavaScript, de componentes Java, o de otra tecnología. Y, en otros interfaces de usuarios, pueden existir controles mucho más variados y complejos.

La recomendación sería la de utilizar HTML como elemento unificador de diseño de interfaces de usuario. Pues es común para todos los sistemas operativos, por lo que su desarrollo es de más amplio alcance. Y evita tener que repetir el diseño; para conseguir lo mismo, pero adaptado a los requisitos de un entorno de ejecución distinto.

En general, **multiplicar esfuerzos, para conseguir el mismo comportamiento funcional, implica redundancias que generan incrementos en los costes y en los tiempos de desarrollo.**

La captura de los eventos del interfaz de usuario, está relacionada con la interacción con él. Y la localización de los elementos es muy importante. Por ese motivo, **no es recomendable camuflar los elementos de interacción con el usuario.** Sino que se vean fácilmente. Un ejemplo, de mal diseño, sería aquel en el que los hipervínculos no se diferencian del texto que no lo es. O que existan botones camuflados como imágenes, junto con imágenes que no tienen capacidad de reacción.

Las opciones de los menús

El menú de una aplicación tiene dos clases de opciones que ofrecer al usuario: una son las opciones generales de la aplicación, y otras son las opciones contextuales. Así, en muchos sistemas operativos, existe un menú contextual, que presenta las opciones más adecuadas para este entorno, momentáneo. Y existen menús generales, donde se ofrecen las opciones que afectan a la aplicación al completo.

En el diseño web deben existir elementos visibles, y accesibles en todo momento; y elementos accesibles, únicamente, en función del contexto. Todos los elementos accesibles en todo momento, deberían localizarse en el mismo lugar; para facilitar su localización al usuario; independientemente de la aplicación que manejen.

Esto significa que los patrones de diseño de las interfaces deben definirse conforme al siguiente criterio: **"Los usuarios que aprenden los lugares físicos de localización de los elementos funcionales de las aplicaciones no deben sufrir cambios de los mismos; ni por motivos estéticos, ni por modas, o tendencias, de reemplazo generacional. La comodidad del usuario, que ha aprendido una forma de uso de una aplicación, debe prevalecer sobre los gustos de los nuevos usuarios"**.

Las capas flotantes Web

Diseño de páginas web presenta problemas en cuanto a su adaptación a las características de los distintos navegadores web. Estas diferencias generan conflictos en los usuarios. Que encuentran discrepancias de presentación, y de comportamiento, en las versiones creadas para los distintos dispositivos.

Un ejemplo, de esto, ocurre con los menús desplegables. Los cuales, si no caben totalmente en la ventana de visualización, pueden llegar a ser inaccesibles. Por ese motivo, **no se recomienda el uso de capas flotantes.** Sino que se integran de alguna manera en la capa principal.

El flujo de trabajo

Se establece el criterio siguiente: **"El avance, dentro del flujo de trabajo de una aplicación, puede verse afectado por cambios de opinión del usuario. Por lo que la posibilidad de cancelar, y de retroceder, a partes previas en el flujo de trabajo; debe estar siempre presente"**.

Por ese motivo es muy recomendable que aparezcan secuencias históricas de las vistas por las que el usuario ha ido pasando paulatinamente. Esto podría hacerse, por ejemplo, por medio de la presentación de una barra de navegación. Que presente los elementos recorridos hasta el punto presente, eliminando los caminos recorridos hechos y deshechos.

Al regresar a una vista, el usuario la debe encontrar igual a como estaba cuando salió de ella. Por lo que **los datos de los formularios deben guardarse durante todo el tiempo que dure el flujo de trabajo de una operativa de usuario.**

Las operaciones atrás, adelante, actualizar, e historial

Las operaciones atrás, adelante, actualizar, e historial; están integradas en los navegadores web. Y causan el reenvío de las peticiones, y datos, que se cursaron cuándo se realizó el cambio de vista. Lo cual, no siempre es conveniente. Y obliga a realizar un tratamiento especial para ignorarlos, cuando son redundantes.

Un mecanismo, para identificar las peticiones web ya realizadas, podría consistir en añadir un dato con sello de tiempo, o un número secuencial irrepetible, que se asocie a los datos enviados. Si se repite en una petición, se desecharía. Y se reiniciaría cuando se produzca algún cambio en los datos que se envían, respecto al último envío.

Se recomienda realizar un desarrollo que incluya la navegación, en la aplicación. Y que evite los reenvíos fuera de secuencia de los pasos previstos en el flujo de trabajo.

De esta forma, se evitarían circunstancias como aquellas en las que se envían, más de una vez, todos los elementos de un carro de la compra; por el hecho de haber pulsado el botón: atrás, o el de: actualizar, o el reenvío desde el historial. Y que hace que se ejecuten, otra vez, las transacciones de un pago.

Obviamente, existen casos en los que el reenvío de un formulario no tiene repercusión. Y no necesitarían de estas medidas de protección. Pero tener presente el riesgo del "rebote de formulario" en el diseño es algo muy importante.

También existe la posibilidad de que el interfaz de usuario utilice un navegador sin los botones: Atrás, Adelante, Actualizar, o historial. Pero no se puede suponer que todos los clientes restringirán correctamente esas operaciones. Por lo que es más conveniente controlarlas desde la propia aplicación.

Un diseño que ignora los controles del navegador Web, para la navegación por hiperenlaces; permitiría que su uso se asemejara al uso de aplicaciones de escritorio, con GUI. Y haría que ambas versiones se manejaran igual. De modo que podría establecerse el criterio: "**El manejo de una aplicación debe ser igual; en cuanto al interfaz de usuario; para aquellos que tienen capacidades equivalentes**".

El envejecimiento de la información

Toda la información, resultante del procesamiento de los datos de entrada por un sistema de información, precisa de un nivel de actualización muy importante. Es decir, que los datos antiguos generan una distorsión en los resultados.

Por ese motivo, es importantísimo indicar el sello de tiempo en el que se origina esa información, o en el que se realiza cualquier modificación de la misma. Lo que conduce al siguiente criterio: "**Toda la información disponible debe indicar el momento de su generación, y el momento de su última actualización**".

Esto incluye los documentos disponibles en las páginas web, en Internet; y la información almacenada en los grandes sistemas de bases de datos.

Un diseño que no contemple sellos de tiempo; para la creación, o la última modificación, de la información generará incertidumbre; especialmente sobre si sus resultados están cercanos al contexto presente, o sufren de una deformación causada por su envejecimiento.

Los interfaces

La informática, básicamente, desarrolla métodos para manipular la información. Y eso significa fundamentalmente realizar **4 operaciones con los datos: alta, modificación, consulta, y baja**. Es decir: crear, escribir, leer, y borrar.

Aparte de las operaciones con los datos, hay que incluir las operaciones para el procesamiento de los mismos. Que consisten en los **4 procesos sobre los datos: la captación, la verificación, la generación de nuevos datos, y la gestión de errores**.

Estas operaciones pueden requerir de la participación del usuario. Lo que da lugar a la necesidad de generación de interfaces de usuario. Y a la necesidad de utilizar interfaces de programación de aplicaciones (API).

El problema de los interfaces de programación, es que no existen criterios comunes para su definición. Y surgen cientos de ellos; para resolver, prácticamente, los mismos conjuntos de problemas.

Respecto a los interfaces con los usuarios; existen, fundamentalmente, dos mecanismos de comunicación:

1. El primero sería la captura de datos mediante formularios.
    a. Que presentan un conjunto reducido de métodos de entrada. Cómo son: las cajas de texto, las áreas de texto, las listas desplegables, los botones de opción, las cajas de selección, y las barras de desplazamiento, entre otros.
    b. Y, como elemento de salida, podemos emplear: textos; imágenes; vídeos; iconos con animación, o sin animación; y barras de progreso; así como cambios en el cursor del ratón. Que puede ser un reloj de arena, u otro elemento que indique que se está realizando alguna tarea oculta al usuario.
2. Otra forma de comunicación con el usuario consiste en el procesamiento de textos de gran tamaño, con una estructura predeterminado. En este proceso podemos encontrar diferentes formatos. Para cuya confección se suelen necesitar herramientas especializadas. Tal es el caso de: HTML; XML; JSON; PDF; RTF; CSV; etcétera. Esta forma de interfaz resulta compleja para el usuario. Ya que debe de conocer la herramienta de asistencia para el formato. O debe conocer el formato, para emplear una herramienta genérica, como se puede ser un editor de texto. Pero tiene la ventaja de permitir manejar grandes volúmenes de datos en una única operación.
    a. De igual manera la aplicación puede ofrecer, como resultado, esos grandes volúmenes de información en formatos muy diversos. Los cuales pueden llegar a incluir contenidos binarios. Que no son comprensibles más que por otros programas de ordenador. Y que resultan, prácticamente, inaccesibles para el usuario, si no emplea las herramientas adecuadas. Un ejemplo, de formatos binarios complejos, son los formatos de vídeo, audio, o imagen.

El uso de formatos de texto para comunicar los usuarios con las aplicaciones, es un comportamiento que debería realizarse de la manera que implicara el menor esfuerzo posible por parte del usuario. Por ello, **lo mejor sería sustituir todos esos distintos formatos de texto por los que se producen al escribir texto empleando lenguajes de programación.** Ya que estos están diseñados para ser legibles, fácilmente, por él usuario; y para ser procesados, eficientemente, por las aplicaciones programadas en esos lenguajes. Además, esto evita tener que desarrollar nuevas normas de formato. Pues se aprovechan las utilizadas para la creación de la propia aplicación. Por tanto, utilizar lenguajes de programación para definir los formatos de texto con los que comunicarse con las aplicaciones, tienen los siguientes beneficios:

- El formato de texto cuenta con aplicaciones de procesamiento ya desarrolladas; y suficientemente probadas.
- La detección de errores está muy avanzada, así como sus mensajes informativos.
- El usuario no tiene que aprender un formato especializado. Sino que utiliza un lenguaje que tiene un uso más extenso. Por tanto, su aprendizaje es un beneficio desde el punto de vista de su aplicación en la programación informática.
- El mecanismo de procesamiento está disponible, sin precisar de ningún desarrollo adicional. Pues la mayoría de los kits de desarrollo son libres, de fácil acceso. Y cuentan con una plataforma de soporte muy extensa.

Sin embargo, hay que tener en cuenta que, los lenguajes de programación, no son adecuados para la realización de la presentación de los datos al usuario. Por lo que se debería de utilizar la unión de un lenguaje de programación; con un lenguaje de presentación, como puede ser HTML, con sus hojas de estilo CSS.

Esta solución tiene la ventaja de que no precisa de esfuerzo adicional para la definición los formatos de datos. Además, puesto que la mayoría de los lenguajes de programación distribuyen sus herramientas de manera gratuita, es relativamente fácil integrarlas en la aplicación desarrollada.

En caso de que se deban transferir los datos, de una aplicación desarrollada en un lenguaje, a otra desarrollada en otro; surge el inconveniente de la migración de formatos. En ese caso, se pueden utilizar aplicaciones de conversión de lenguajes; o la exportación a lenguajes de formato de texto plano, como XML, o JSON. Aunque, esta última opción, implica la utilización de elementos añadidos; ajenos al lenguaje de programación.

Una interfaz de uso de librerías dinámicas sencillo

En informática, **las operaciones con los archivos de datos suelen ser: crear, abrir, leer, escribir, cerrar, y borrar.** Sin embargo, estas operaciones se pueden reducir. Simplemente separando las operaciones en dos grupos: el gestor del contendor de los datos y los datos contenidos. En ese caso: las operaciones con el contenedor serían: **crear, abrir, cerrar, borrar.** Y en los datos: **leer, añadir, modificar, y borrar.**

En general, con cuatro operaciones, y sus parámetros, se pueden controlar muchos periféricos. Por ejemplo: visualizar una película tendría: abrir, avanzar-retroceder, ir a, y cerrar. Y la velocidad de avance, o retroceso, sería un parámetro. Para grabar una película, utilizaríamos: abrir, grabación, pausa, cerrar. Y para controlar el paso del modo de visualización al de grabación, podríamos emplear un parámetro en la operación de abrir.

Si consideramos que la simplificación a cuatro operaciones es posible, bastaría con definir un nombre genérico para cada operación. Y que los parámetros se pasaran como una lista, de cadenas de caracteres. Los cuales serían tratados en función del caso particular del uso de ese interfaz.

El conjunto de cuatro operaciones mencionado, se denomina RESTfull (transferencia del estado representado). El cual contempla las operaciones: PUT (crear, abrir, insertar), POST (escribir, actualizar), GET (leer, avanzar, retroceder) y DELETE (borrar, cerrar, expulsar).

Las operaciones de base de datos serían: create (put), alter (post), insert (put), update (post), delete (delete), y select (get). De modo que los parámetros diferenciarían: create-insert y alter-update. Y las operaciones de conexión: open (put) y close (delete), o connect (put) y disconnect (delete); deberían integrarse dentro de las operaciones anteriores.

Esta solución iguala los interfaces en un nivel. Pero mantiene las diferencias en cuanto a los parámetros. Por lo que surgirán muchas variaciones de ellas, a causa de sus parámetros particulares. Y cada interfaz una tendría un nombre identificativo distinto; y una documentación pública que describiera totalmente sus casos de uso posibles.

Las opciones de configuración

Las aplicaciones; y las librerías de programación, con demasiadas opciones; son muy difíciles de manejar. Y generan inseguridad en quienes recae la responsabilidad de decidir los parámetros con los que configurarlas.

Es mucho mejor que el desarrollador de software recorte las opciones, siendo él quien tome las decisiones. Pues son ellos los verdadero expertos.

Aún en el caso de que se explique perfectamente cada opción de configuración. La consulta de la documentación resultará tediosa. Y nada asegura que sea aplicada correctamente. Por tanto, allí donde haya muy poca diferencia entre una opción y otra. No conviene que sea un elemento parametrizable. En cambio, si hay mucha diferencia; y es observable, y medible, la consecuencia de parametrizar de una forma u otra; entonces, sí es un parámetro que se puede dejar para que el administrador maneje. Pues se podrá observar, fácilmente, si acierta, o se equivoca, en los valores que ponga.

Las licencias de las aplicaciones

El desarrollo de las aplicaciones informáticas no ha estado asistido por ningunos criterios, respecto a sus objetivos finales. Por ese motivo existen diferentes maneras de entenderlo.

Por un lado, se entiende que el software es un elemento acompañante del hardware. Y que no debe de venderse separado de este. Es el caso de los drivers, o controladores, de dispositivos.

Por otro lado, encontramos que el software consiste en aplicaciones que resuelven determinadas problemáticas. Y que requiere de un hardware, de manera muy flexible. De modo que puede ejecutarse sobre diferentes plataformas. A las que les imponen otros requisitos de software, si son necesarios. Y que pueden incorporar elementos que no forman parte de las exigencias de dicha aplicación. Tal es el caso en los sistemas operativos, de servicios añadidos, o de librerías desarrolladas por terceros.

En esta última modalidad, nos encontramos con que, la adquisición del software, no precisa de ir acompañada por la adquisición de un hardware. Lo que genera diferentes modos de interpretar esa compra:

- Por un lado, se puede entender que el software; aunque se venda separado; se licencia para su ejecución en una única máquina; y en una única instancia, dentro de la misma.
  - o Pero también es posible que se licencie para una CPU (procesador), y para una única instancia de la misma.
  - o También puede suceder, que se licencie para una máquina con cierto número de CPU's, dentro de un rango; y para un conjunto de instancias dentro de un rango.
- Otra modalidad sería incluir a los usuarios concurrentes que acceden a la aplicación. Con lo cual, se añade un parámetro adicional en la licencia: CPU, instancias, y número de usuarios concurrentes.
- Pero existen otras modalidades. Como sería el caso de una licencia; para un único uso, pero independiente del sistema operativo donde se ejecute; a condición de que exista una única instancia concurrente.
  - o También se puede licenciar para el uso en un número ilimitado de máquinas, o CPU's, para un número ilimitado de usuarios concurrentes, y para un número ilimitado de instancias
- Por otro lado, nos podemos encontrar con licencias libres, o gratuitas. En la que no existe responsabilidad de los errores de la aplicación.
  - o En ellas se puede limitar su uso para fines de aprendizaje, o fines sin ánimo de lucro; y exigirse el pago de licencia cuando existe un beneficio económico de su uso; teniendo, para ese fin, unas modalidades de licencia como las anteriores.
- Encontramos licencias abiertas, con código fuente; en los que no existe responsabilidad alguna:
  - o En las que no hay límite para su uso.
  - o O se limita, cuando su uso no es con ánimo de lucro. Y se entrega el código fuente, para permitir la extensión, o corrección, de los errores.

Estas posibilidades, y otras que pudieran existir, muestran la confusión que existe; en cuanto a los tipos de licencia de las aplicaciones. Y deberían concretarse de una manera más precisa; con el objeto de favorecer una mejor oferta a los usuarios.

Si se entiende que, un elemento físico, precisa de un comportamiento programático; de manera inevitable. Estamos entendiendo que la programación es parte de la construcción. Por lo que debe ser facturada como cualquier otro componente. Y debe poder ser susceptible de cambios, cuando se aprecien defectos en ello. Cambios realizados por su propietario. Para lo que debería contar con el código fuente. A menos que se considere como un componente inmodificable; que se debe cambiar entero, para corregir sus problemas.

Por desgracia, en informática, es muy fácil realizar duplicados idénticos del software. Con lo que las piezas software facturadas podrían multiplicarse, sin el control del fabricante. Algo que no ocurre con los elementos físicos.

Por este motivo, deben de establecerse mecanismos de protección frente a la copia. Que aún no se han logrado desarrollar. Lo que hace pensar que, tal vez no, exista una equivalencia idéntica de los elementos físicos y de los componentes programados.

Otra alternativa, es entender el software como se entiende la escritura de las obras literarias. De modo que se respeten los derechos de autor. Y se entrega sin responsabilizarse por los posibles defectos que tenga. Esta posibilidad no garantiza que la programación sea correcta. Y obliga a que se entregue el código fuente. Aspectos que no resultan interesantes, cuando del uso del software se derivan consecuencias importantes. Por ejemplo, pérdidas económicas, en caso de errores en los redondeos.

Por ese motivo, **el aspecto más importante de la programación debería ser la calidad de la misma**. Lo que conduce a la conclusión de que la entrega del código fuente, sin garantías, solo debe de afectar a aquellos elementos cuyo uso no causen riesgos, ni perjuicios.

Otra posibilidad sería considerar que el tiempo de trabajo, en la creación de la obra, sería lo que diera valor al producto. Entonces, al comprarlo, la propiedad pasaría al adquiriente; así como la responsabilidad. Pues recibiría todo, incluido el código fuente. Si bien la autoría se conservaría. De una manera semejante a como ocurre con una obra de arte, como un cuadro, o una escultura.

Al ser, el comprador, el propietario de los derechos de reproducción, las copias le estarían permitidas. Y tan solo debería reconocerse la autoría; por el mérito, o el demérito, de dicho trabajo.

Otro punto de vista sería pensar que el código se adquiere para un fin determinado, y con ciertas garantías. La copia, del mismo, no se impide.

La garantía se ofrece, únicamente, al cliente comprador de la licencia. El programa queda a su disposición para disponer de él de la manera que desee. Y los demás usuarios no pueden exigir responsabilidades, a menos que compren licencias.

El código fuente sería objeto de una negociación diferenciada. De modo que se podría adquirir solo el código ejecutable para un tipo de configuración física. Y adquirir el código fuente, o no hacerlo.

En el primer caso, demostrar la responsabilidad, en caso de error, sería más complicado. Pues solo lo podría hacer frente a fallos repetibles asociados a un entorno de ejecución determinado. Mientras que, con el código fuente, se podrían mostrar las líneas escritas con errores.

Esta modalidad permitiría que, aquellos que no pueden permitirse el pago de un desarrollo informático, pueden disponer de él; habiendo sido pagado por otros. Que se benefician del mismo. Y que no se ven afectados, en su negocio, por que otros utilicen dicho software. O para los que, la seguridad de tener una garantía, les resulta imprescindible.

En este caso, todas las copias son legales. Y se podría exigir algún grado de cooperación en el abono de los gastos de desarrollo, a aquellos que lo utilizan. Si se demuestra que esas aplicaciones son necesarias para la obtención de sus beneficios.

Con esta solución, todo **el software es libre**. Y **todo el código fuente puede ser libre**. Cualquiera puede disponer de él. Y cualquiera puede instalarlo en cualquier sistema. **Solo los que tienen beneficio, o desean garantías, participan en los gastos de desarrollo**; de la primera; y de las siguientes versiones, con mayores funcionalidades.

Así, se establecería que los programas deben de construirse, obligatoriamente, favoreciendo al máximo su portabilidad. Pues el objetivo es que sean muy utilizados. Y que los desarrolladores obtengan el beneficio de su trabajo, mediante la aportación de garantía, en la misma, en primer lugar; es decir, de calidad. Y, en segundo lugar, mediante una retribución devenida por el beneficio que aporta en sus usuarios.

Por tanto, el criterio para el desarrollo del software podría establecerse de la siguiente manera: "**Todo software es propiedad de su comprador; incluido el código fuente, si lo adquiere. Y las copias son libres. La garantía de funcionamiento está comprendida de acuerdo con la cuantía del pago establecido. Además, todo usuario que utilice un software, necesario para la obtención de beneficios, debería colaborar económicamente en su mantenimiento anual; obteniendo compensaciones en ello, en las mejoras que se realicen**".

Sin embargo, no se consideraría beneficio el indirecto. Es decir el obtenido por el uso de un sistema de terceros, del que la aplicación depende. Sino en el uso de un sistema primero. Por lo que las garantías se pueden exigir al software de terceros, sólo, si se ha adquirido una licencia. El software de terceros, puede exigir colaboración económica, por la parte correspondiente; si existe colaboración económica con el aplicativo primero, que lo utiliza. Sería el desarrollador el que establecería la relación con el desarrollador del software de terceros, no el usuario final.

Sin embargo, si el sistema de terceros no es parte de la instalación de la aplicación, este pasaría a tratarse como una aplicación de uso directo del cliente, que interactúa con otra aplicación de uso directo. Esto haría más modulares las aplicaciones.

Conforme a la opción de las aplicaciones de primeros, un ordenador sería como una vivienda. Y los programas serían semejantes a los muebles que se le ponen.

En el caso de las aplicaciones de terceros y primeros, hablaríamos de algo semejante a la complejidad un vehículo, en el que todos los componentes vienen integrados, y que son gestionados por el constructor, y solo por él.

El desarrollo portable y multiplataforma

Si se tiene en mente, en un desarrollo, que éste se pueda ejecutar en diferentes plataformas; deben de establecerse capas de aislamiento: frente al hardware, frente a los dispositivos, y frente a los desarrollos de terceros de los que dependa la aplicación.

Para conseguir que una aplicación funcione en casi cualquier entorno, se necesitan unos conjuntos, grandes, de librerías; que la independicen del mismo. Además, también se necesitan de entornos de ejecución para los mismos, como en el caso de la máquina virtual Java, incluida en su JRE (Java Runtime Enviroment).

Otra solución precisaría del uso de intérpretes. Que ejecutan el código. Y tienen acceso a todos los elementos de los que el mismo depende; normalmente mediante librerías. Las cuales están disponibles para cada plataforma.

También existe la posibilidad de que, para cada plataforma, se recurra a la ejecución de máquinas virtuales completas; con sistemas operativos instalados. Que enlazan los elementos virtuales, con la infraestructura física necesaria para que los programas funcionen. Tal es el caso de las máquinas virtuales ejecutadas por la aplicación: VirtualBox, por ejemplo.

Finalmente, podría obtenerse el conjunto mínimo necesario para ejecutar virtualmente una aplicación; y convertirla en un contenedor capaz de ejecutarse una aplicación. Tan independiente de la máquina, que solo precisaría de un núcleo de sistema operativo; proporcionado por esa aplicación. Con lo que tendría muchos menos requisitos de funcionamiento que si se ejecutara una máquina virtual completa. Tal es el caso de las aplicaciones ejecutadas con Docker.

El criterio a la hora de desarrollar un sistema portable, por tanto, no es excesivamente concreto.

Un desarrollo debe de informar de todas las dependencias que precisa para funcionar, en cualquier sistema. Por tanto, debe de indicar todas las librerías de las que hace uso. Las cuales, a su vez, deben de indicar también sus otras dependencias. Hasta llegar al nivel del sistema operativo, y de los dispositivos físicos.

Toda esta torre de dependencias debe poderse comprobar, en el proceso de instalación. Y debe tener, bien claramente marcados, el límite hasta donde llegar para conseguir la portabilidad. Por tanto, existirán aplicaciones que no son portables, a menos que cuenten con un hardware específico. Otras, serán portables entre distintas máquinas que posean el mismo sistema operativo. Algunas serán portables entre máquinas que dispongan de los mismos conjuntos de entornos de ejecución. Otro grupo lo serán entre sistemas que contengan los mismos entornos de interpretación del código de programación. Y, otras, precisarán, para su portabilidad, de un conjunto de elementos que estarán contenidos dentro de la propia aplicación, diferenciado para cada sistema operativo. Con lo que sus dependencias serán mínimas. También existirán algunas que se ejecutan en todas las máquinas y en todos los sistemas operativos. Pues incluyen todo lo necesario. O se sabe que todo lo que necesitan está presente en todos ellos.

El último modo de portabilidad es el mejor. Pues facilita la instalación. La cual resulta ser, tan sencilla, como copiar una carpeta; o, incluso, copiar un archivo; al nuevo sistema donde se ejecutará.

Este conjunto de código, empaquetado, puede ser muy grande. Y puede contener muchas librerías en común con otros conjuntos de software portables. Con lo que se estarían duplicando, triplicando, etc. Es decir, estarían multiplicando la repetición de elementos que son compartidos.

La ventaja de la repetición es que, la modificación del elemento repetido, solo afectaría uno de los conjuntos que lo usan. Y no afectaría a las demás repeticiones.

La desventaja es que, corregir un error en el elemento repetido, obliga a copiarlo en todas las repeticiones. Y que, además, se consume espacio de almacenamiento; y espacio en memoria de ejecución, cuando se cargan los elementos repetidos.

Por ese motivo se debe de realizar aplicaciones en las qué los elementos desarrollados por terceros sean tratados como servicios, y no como librerías de enlace propias. De esta manera, las dependencias pasan a ser requisitos de servicio. Y la lista de las mismas debe de localizarse mediante el mecanismo de resolución de nombres de servicio, y localización de los mismos. Para lo que un archivo de texto con un nombre como: 0.0, y un formato determinado, ya descrito en otra sección; podría servir.

Con esta solución, se pueden configurar diferentes rutas para el acceso a los servicios; y mediante diferentes protocolos; unos locales, describiendo el acceso a librerías dinámicas; y otros remotos, utilizando comunicaciones de red. Estas operativas deberían ser transparentes para la aplicación. Y ofrecer alguna forma de resolución; en caso de detectarse su ausencia, o fallos.

Una aplicación se podría ejecutar, en función de sus niveles de necesidades, en:

- Un tipo de máquina en concreto, con unas características claramente definidas.
- Un tipo de sistema operativo determinado.
- Un entorno de ejecución determinado.
- Un intérprete determinado.

Para todos los elementos desarrollados por terceros, el acceso se realizaría mediante repositorios. Y deberían existir vías de instalación compatibles con los requisitos de las aplicaciones.

Hoy en día, los sistemas operativos no se diseñan para facilitar la portabilidad de sus aplicaciones. Esta circunstancia implica que la adquisición de software, una vez instalado, queda ligada, indefinidamente, al sistema anfitrión. Y, aunque es posible realizar otras instalaciones, posteriores; estas, vuelve están como al principio, y se pierden las actualizaciones y otros cambios realizados tras la instalación previa. Algo muy distinto de la idea de "aplicación transportable". En donde se lleva todo el código, para que esté tal y como estaba en el momento que se inició su transporte.

Los desarrollos informáticos deben realizarse, siempre, con la atención puesta en la su portabilidad.

En ese caso, gran parte de las librerías estarían empaquetadas en la aplicación. Y, solo un mínimo conjunto, sería en el que determinaría la posibilidad de ser ejecutadas en un sistema, o en otro.

La traducción de las aplicaciones

Cuando se desarrolla una aplicación, se hace en un idioma determinado. Y, posteriormente se modifica para que esté traducida a otros idiomas. Esto puede hacerse:

- Traduciendo los textos en el propio código fuente.
- Extrayendo los textos fuera de la aplicación, y sustituyendo ese componente, en función del idioma.

- Enviar los textos a un gestor de traducciones, antes de presentarlos.

- O utilizar una herramienta externa que traduce el interfaz de usuario, y que no forma parte de la propia aplicación.

El esfuerzo de traducir una aplicación es muy elevado. Y requiere de la participación de expertos en cada lenguaje. Por ese motivo. **Lo ideal sería que la traducción no fuera un proceso asociado al desarrollo de cada software.** Y que existieran mecanismos generales que tradujeran los textos:

- Palabra por palabra, en los casos en los que no haya sinonimia, ni polisemia.

- Frase por frase, cuando la gramática fuera muy diferente.

- Párrafo por párrafo, cuando el contexto fuera necesario para entender el texto.

- A medida. Mediante la asistencia de expertos que introducen las traducciones de los textos cuya traducción no pueden automatizarse.

Para facilitar el proceso de traducción externa, se deberían ofrecer a los desarrolladores los diccionarios con las palabras más fácilmente traducibles. Estos diccionarios deberían eliminar los sinónimos. Presentando aquellas palabras que tienen traducción inmediata, en primer lugar.

Para las demás, los diccionarios contendrían aquellas que, aunque tienen más de una traducción, sería posible identificar su contexto; dentro del que se utilizaría una, u otra, de sus traducciones; tanto en la frase; como en el párrafo, o en textos mayores.

Habría algunas palabras que no aparecerían. Ya que no serían válidas para las traducciones automáticas.

Las actitudes de los programadores

Programar aplicaciones es una tarea complicada, por muchos motivos, entre los que destacar:

- **El lenguaje humano no se parece demasiado al lenguaje de programación.** Los lenguajes humanos cuentan con gramáticas dependientes del contexto. Con lo que, mucha de la información que utilizan, no se transmite. Sino que es extraída por el destinatario; de las informaciones previas que él conoce, o deduce. En cambio, los lenguajes de programación tienen gramáticas independientes del contexto. Por lo que solo utiliza la información que se le transmite. Y no puede darse nada por supuesto.

- **La aritmética de la lógica de predicados no se parece a la lógica probabilística, heurística, o difusa, de los seres humanos.** La primera es exacta, y maneja conocimiento seguro, por lo que cualquier información deducida no puede utilizarse para dar valor de verdad a sus premisas. Es decir que la deducción: si llueve me mojo; no conduce a: si me mojo puede ser porque llueve. En cambio, la lógica humana saca conclusiones débiles. Y puede llegar a manejarlas como si fueran totalmente ciertas. Este fallo de la lógica humana forma parte de un sistema de toma de decisiones en situaciones de poca seguridad del conocimiento. Algo que la lógica de predicados no puede hacer, y no actúa. Lo que evita errores graves. Pero impide la aceptación de riesgos, que podrían conducir al éxito.

- **Los lenguajes de programación precisan de acciones que no se realizan al emplear el lenguaje humano.** Por ejemplo, cuando se habla, no se declaran los objetos que se utilizan en la conversación. Simplemente, están allí. Y, si no se conocen, entonces se dan las descripciones mínimas para poder continuar con las explicaciones.

- **Los programas deben gestionar los errores por sí mismos.** En cambio, en el mundo real, los interlocutores cuentan con los conocimientos necesarios para solucionar los errores, causados por malas explicaciones, o por una mala comprensión de las mismas. En general, existe un protocolo que permite al receptor preguntar al emisor sobre los elementos que, aparentemente, no dan el resultado esperado; o impiden continuar con la secuencia de actividades. También, el receptor puede recurrir a informarse por su cuenta, completando su contexto de ejecución. Algo que no ocurre con los ordenadores.

Cuando el programador realiza su trabajo, tiende a considerar que sus indefiniciones serán corregidas automáticamente, como ocurre en entre los seres humanos. Pero no es así. Y lleva un tiempo aceptar que no hay contexto, ni procedimientos implícitos de resolución de errores.

El programador debe contar con la certeza de que, todo código que escriba, presentará errores. Dado que su mente no está preparada para resolver; por adelantado, todos los casos de uso, posibles, de sus rutinas.

La única forma de detectar los errores es mediante herramientas de análisis de código, y por medio de la realización de pruebas. Sin embargo, las pruebas nunca cubren la totalidad de las situaciones posibles. Por lo que la realización de las mismas no garantiza que el código no tenga errores; sino, tan solo, que existen casos de uso que se han probado; y que se han corregido, si es que tuvieron errores.

Los programadores deben aceptar los errores. No pensar que son una amenaza para su prestigio profesional. Sino aceptar que es imposible no cometer alguno. Aunque sea cierto que cuanta más experiencia, menos errores; eso no implica que no se produzcan. Además, algunos de los errores no están provocados por una mala programación.

Los errores pueden producirse, principalmente, por:

- Una mala definición de las actividades que programar. El análisis, y el diseño, parten de un nivel de abstracción muy elevado, y se debe concretar al máximo en la fase de programación. Por lo que es normal que existan indefiniciones cuando se procede a codificar. En ese caso, deben notificarse a los niveles superiores jerárquicos. Y no tomar decisiones personales, o descoordinadas. Pues, en ese caso, sí se podría culpar al programador por ellas.

- Los datos pueden causar resultados inesperados. Esto se debe a que, cuando se programa, se consideran, por ciertas, algunas características de los datos. Hasta el punto de que no se comprueban, o validan, antes de procesarlos. Lo que es un error. Por ejemplo, suponer que un número tendrá un formato concreto, es un error. Ya que puede tener muchos posibles: entero sin signo, entero con signo, decimal con punto como separador, decimal con coma como separador, notación científica; e incluso puede contener errores, y tener letras u otros caracteres extraños. Además, puede suceder que sus valores excedan los límites de capacidad del sistema. Así, un entero de 32 bits con signo, apenas supera el valor de los 2.100 millones. Pero en la mente del programador, este límite no es algo propio del mundo real. Y podría no tratar el problema de los valores excesivos.

- No tratar ciertos casos dentro del procesamiento, o tratarles según un comportamiento equivocado o propio de otros casos. Esto sucede cuando las condiciones de las bifurcaciones conducen a las secciones de tratamiento equivocadas. Por ese motivo, el control de la bifurcación debe ser lo más claro posible; evitando utilizar operaciones complejas en las decisiones. Para lo que se deben descomponer en su análisis, paso a paso; y cuanto más fáciles de entender, mejor.

- Errores de programación. De modo que, lo que se ha programado, no tiene relación con lo que, de verdad, se quería programar. Esto suele deberse a la falta de concentración en el problema, por parte del programador; la falta de tiempo para pensar, por presiones de diferente índole; la suposición de que ciertas operativas se comportarían de una forma, que no era cierta; u otros aspectos, como el desinterés, la falta de competencia, o la mala actitud, frente a la programación. Aunque la lista podría ser mucho más extensa.

La corrección de errores

En alguna ocasión, alguien definió la informática como: "La ciencia de trabajar con errores". Tal vez sea algo exagerada, pero **una parte, muy importante, del trabajo de programación consiste en la depuración, y corrección, de los errores.**

Los errores aparecen en cualquier parte del ciclo de vida del software. Y su corrección afecta a todo el equipo responsable del mismo.

Existen tres tipos de errores:

- Los que no tienen solución. En cuyo caso, debe evitarse que se produzcan.

- Los que tienen una sola solución. En cuyo caso basta con encontrarla, lo que no siempre es fácil; y aplicarla.

- Los que tienen muchas soluciones. En cuyo caso deben identificarse. Y establecerse una fase de debate, para elegir el modo de corrección más favorable. En ocasiones no se exploran todas las soluciones posibles, y se maneja un subconjunto de las mismas.

El procedimiento para resolver un error pasa por las fases siguientes:

1. Identificar el error.
2. Ser capaz de reproducir el error, repetidamente.
   a. En caso contrario, se deben elaborar hipótesis sobre cómo se causó. Y suponer que se produce, repetidamente. Sin embargo, al no ser repetible, en realidad; no se podrá saber si se ha corregido. Al no existir un escenario de pruebas.
3. Buscar una solución para él.
4. Si se encuentra una solución:
   a. Identificar si existen más soluciones, o si no hay otras.
   b. Decidir si se desean buscar todas las soluciones posibles; o si es suficiente con trabajar con un conjunto que se considere suficientemente amplio.
   c. Decidir qué solución aplicar.
5. Hacer un seguimiento sobre las consecuencias de la misma.
   a. Una solución puede causar errores colaterales. En cuyo caso deben:
      i. Resolverse,
      ii. Aplicarse otra solución.
      iii. Aceptarlos, como mal menor.
   b. Valorar si existe otra solución mejor; en función del rendimiento observado tras aplicar la solución elegida.
6. Si no tiene solución
   a. Proteger al sistema para evitar que se den las circunstancias que lo causan.

Estas instrucciones no siempre se pueden aplicar de una manera sencilla. Pues puede suceder que un error sea consecuencia de una sucesión de errores previos; o que sea producido por la convergencia de muchos errores simultáneos. Por ese motivo, **debe aplicarse la técnica de "divide y vencerás" para aislar los errores**. De modo que se identifiquen todos los errores diferenciados que están implicados. Y se busquen los elementos mínimos que causan cada uno de ellos. Intentando establecer escenarios donde sean repetibles.

Además, hay que priorizar la resolución de los errores. Y tratar, primero, al que se encuentra en el origen de la cadena de errores; o el más importante, en función de sus consecuencias; y establecer una secuencia para su resolución. Que vaya, siempre, del más fácil de corregir, al más difícil. Ya que, así, se van eliminando problemas colaterales; y se van adquiriendo experiencias con las resoluciones previas.

Cuando se corrigen errores; una vez aislados, y priorizados; se deben corregir siguiendo un principio de "pasos de hormiga". Es decir que, **para cada cambio que se haga para corregir un error, debe comprobarse que no tiene, o causa, errores, a su vez**.

Una vez que se han corregido, en un entorno aislado, hay que comprobar que se integran en un sistema mayor. Que corrigen su error. Y que no causan errores colaterales.

Todas las pruebas que se realicen, deben guardarse. El motivo, de esto, es que se pueden reutilizar; para demostrar que el sistema sigue funcionando.

Tener un conjunto de pruebas no implica que la aplicación esté libre de errores. Pero garantiza que los casos probados, sí lo están. Es decir, que hay un porcentaje, de su funcionamiento, para el que se pueden presentar garantías. También se emplean para demostrar que no se han producido daños colaterales. Es decir; que, algo corregido, no afecta a lo que ya se había probado, y funcionaba. Y se pueden utilizar para la re.fabricación del código, conocido como: refactoring.

La estrategia de la escritura de código

Algunos estudios demuestran que no todo el mundo está preparado para ser programador. Lo que no significa que no pueda serlo. Sino que debe pasar por realizar una serie de cambios en sus esquemas mentales; en su punto de vista sobre de la relación que tienen con el mundo en el que viven; y de su actitud frente a los retos que la programación plantea constantemente.

Si tras probar a realizar sencillos programas, se dan cuenta de que existen otras cosas que les gustan más. Y que les dan más alegrías. No duden en buscar su camino. Allá donde su auto.satisfacción les conduzca. Porque no es el dinero lo que debe mover la vocación de las personas. Sino que es el placer, y la satisfacción, en lo que se hace; lo que marca la diferencia con la competencia. Les hace ser mejores. Y les abre las puertas a la obtención de beneficios por su trabajo.

En observaciones efectuadas sobre alumnos de programación. Los profesores notaron que se les podían clasificar, según las actitudes que adoptaban frente a la frustración de encontrar que sus programas no hacían aquello que esperaban de ellos.

1. Algunos se desesperaban. Buscaban ayuda en los demás. O se plantaban. Y no intentaban superar las dificultades. Estos, no lograban nunca aprender, hasta que cambiaban de actitud.
2. Otros hacían cambios en el código, a lo loco. Unas veces con éxito, y otras sin él. Finalmente, sus fracasos superaban sus éxitos. Y pasaban a comportarse conforme al grupo anterior. O conforme al grupo siguiente. Por tanto, su comportamiento aleatorio; y sin lógica, o explicación alguna, terminaba agotándolos. Y acababan por cambiar su estrategia.
3. El último grupo, intentaba descubrir un método eficaz para resolver sus problemas. Analizaban los errores. Separaban y clasificaban los fallos. Buscaban su producción controlada y repetible. Y hacían cambios. Poco a poco, y sabiendo lo que hacían. Hasta que resolvían el error. O pasaban a la actitud del primer grupo, o del segundo. Porque descubrir una metodología para la depuración de los errores no es sencilla. Y aún es más difícil transmitirla, enseñarla, y que sea aprendida; aunque no imposible.

Cuando se escribe código de programación, hay que tener siempre en mente algunos criterios. Aunque éstos pueden tener que adaptarse a las circunstancias, y no al revés:

- **La funcionalidad a programar se debe descomponer; según el principio de "divide y vencerás"**, hasta que se encuentren funciones tan simples que se puedan describir con una frase.
- **Cada frase es una acción.** Que trabajará con información. Y que tomará decisiones, en función de los datos que maneje.

- El código de cada acción debe ser lo más claro posible. Y debe incluir un mecanismo de notificación de los errores que detecte cuando se procese.

  o Por tanto, la mayoría de las acciones deberían incluir un parámetro de salida que represente el texto de un posible mensaje de error; y retornar un indicador booleano que indique si la ejecución ha sido correcta, o ha habido algún problema.

- Los datos que se transforman se deben almacenar en contenedores de uso interno. Son denominados datos variables; o variables, a secas. **Cuanto más se recurra al almacenamiento intermedio, mejor se entenderá el código de una acción. Y mejor se podrá depurar su comportamiento.**

  o Es, por poner un símil, como cuando, en un ejercicio de matemáticas; quien lo resuelve se saltase algunos pasos, en el proceso para llegar a su solución. Entonces, quien lo corrige, tendrá dificultades para entenderlo bien. Y peor para explicar el error, en caso de que el resultado fuera incorrecto.

- **Todos los datos deben poderse convertir a cadenas de texto. Y todas las cadenas de texto deben poderse convertir a otros tipos de datos:**

  o Datos binarios ilimitados (en bytes). Puede interpretarse como formato multimedia, o de cualquier otra manera.

  o Texto ilimitado (en un juego de caracteres ilimitado, como UTF-8)

  o Valores lógicos: verdad o falso.

  o Fecha. Con el formato por defecto: <año: aaaa>-<mes: mm>-<día: dd>.

  o Hora. Con el formato por defecto: <hora_24: hh>:<minutos: mm>:<segundos: ss>:<milisegs: ii>... De modo que, incluyendo los segundos, pueden excluirse las fracciones decimales menores.

  o Fecha-hora

  o Números enteros ilimitados.

  o Números decimales ilimitados.

  o Referencias a áreas de memoria ilimitadas del procesador. Pueden estar ocupadas por variables, acciones, o por otras representaciones de sus componentes binarios.

o Referencias a desplazamientos, dentro contenedores, de datos distintos a la memoria del procesador.

o Datos estructurados, empleando todos los tipos de datos posibles. Su representación como texto puede tener diferentes formatos; pudiendo describirse empleando un lenguaje de programación, para ello. O formatos especializados solo texto.

- **Los valores constantes solo se pueden emplear para asignárselos a las variables,** cuando se crean.

- **Los conjuntos limitados de valores, como los enumerados, se tratan como estructuras de datos.** Cada atributo representa a uno de los valores constantes posibles. Esto conduce a la siguiente característica:

  o Las estructuras de datos deben poderse recorrer secuencialmente; y recuperarse su nombre y su valor.

- **El código de programación debe explicarse por sí solo.** Los comentarios son ayudas adicionales. Pero, si son necesarios para explicar el código, es que el código está mal escrito.

  o **Todos los elementos internos que se crean, deben tener un nombre comprensible por cualquiera.** Evitando las abreviaturas, los acrónimos, y los nombres abstractos, como: g, f, r.

- **No se recomiendan utilizar los operadores,** en general; especialmente, ni los matemáticos, ni los de comparación, ni los operadores lógicos. No cumplen con los principios de claridad en su nombre, ni en la capacidad para comunicar mensajes de error.

- **Se recomiendan emplear cadenas de texto, y números, que no tengan límite.** Y el juego de caracteres debe poder crecer ilimitadamente. Como es el caso del UTF-8, que es el que se propone.

- **Las decisiones deben manifestarse por medio de bifurcaciones.** Deben conocerse los tipos de decisiones. Y saber cuál aplicar en cada circunstancia:

  o Las validaciones (**si-contra**). Si la condición es verdadera, continúa el código con normalidad. En caso contrario, deben hacer constar un mensaje de error. Y podrían terminar la acción.

o Las alternativas excluyentes (**si-contra si-contra**). Deben tratar siempre el caso de que no se cumpla ninguna de ellas, e indicarlo con un mensaje de error.

o Los añadidos (**si**). Son condiciones que dan lugar a tratamientos que pueden no tener que hacerse. Son opcionales. No entrar en ellos no es un error.

o Los añadidos alternativos (**si-contra si**). Permiten varias opciones excluyentes que conducen a añadir características al proceso.

- **Las repeticiones deben utilizar una única instrucción.** Su condición de salida debe manejarse, siempre, como añadidos para su control.

- **Las decisiones deben basarse en expresiones simples:**
  o El retorno de una acción.
  o La consulta de una variable, utilizando una acción simple.

- Los parámetros pasados a una acción deberían ser siempre:
  o Variables.
  o Referencias a variables.
  o Referencias a acciones de retro.llamada.
  o Variables estructuradas con los elementos anteriores.

  Evitando pasar constantes; o llamar a acciones, dentro de la sección de paso de parámetros.

- **Las estructuras de datos deben ser siempre dinámicas;** para poder añadir, o quitar elementos, cuando sean necesarios.
  o Pueden tener una estructura inicial de partida; e incorporar mecanismos para comprobar si existen, o no, aquellos atributos, o métodos, que se esperan de ella.
    - Su no presencia, daría lugar al correspondiente mensaje de error, en la validación. Y podrían causar la finalización de la acción.

- **No deben utilizarse datos globales.** Nunca lo son para todas las acciones posibles, por lo que deben pasarse como parámetros.

- Todas las acciones pueden precisar cambios en cuanto a su lista de parámetros; y poder hacer sin afectar a los usos de ellas, que se hicieran previamente. Por tanto:
  o **Todas las acciones deben permitir pasar parámetros adicionales tras la lista de parámetros fija**, establecida cuando se crearon.
- **Las acciones deben contener poca complejidad en su interior.**
  o **No deberían tener más de dos anidamientos en de bucles; o tres, en casos excepcionales.**
  o **No deben contener un número excesivo de bifurcaciones.**
- **Todo el código debe escribirse empleando un formato claro y legible.**
  o **Todas las instrucciones estructurantes deben indicar el inicio y el fin del bloque que controlan.**
  o **Debe pasar a la derecha el código en los bloques de las instrucciones estructurantes del mismo.** Es decir, que aumenta el margen de la izquierda a medida que se profundiza el nivel de anidamiento de los bloques.
  o **Debe pasar a izquierda el código de las líneas siguientes al finalizar el bloque de una instrucción estructurante.** Es decir, que disminuye el margen de la izquierda a medida que se reduce el nivel de anidamiento de los bloques.
  o **No debe poner líneas en blanco innecesarias, ni poner más de un espacios en blanco entre palabras.**

Dada la dificultad de escribir un código que realice lo que se espera de él. Es muy habitual que durante la su escritura se realicen muchas modificaciones del mismo, y muchas pruebas; hasta que se consigue una solución que considerada buena. Por este motivo, **es muy importante que los programadores trabajen con sistemas de control de versiones.** Los cuales almacenan el código escrito, en momentos determinados del tiempo. Y pueden recuperarse, reemplazando el texto actual; o compararse con él, para observar las diferencias que existen entre ambos; además de muchas otras operaciones.

Una estrategia que asegure que un error en la programación puede ser resuelto, recuperando una versión previa que no lo tuviera; ofrece una forma de trabajo muy eficiente. Además, introduce la idea de la realización de copias de seguridad de todo el desarrollo. Algo complementario con el sistema de control de versiones.

El código de calidad

La calidad del código se determina por los factores siguientes:

1. **Legibilidad.** Un programador que vea el código de otro. Y, sin leerlo, encuentre que los bloques de las instrucciones estructurantes no están identificados; debe indicar su mala calidad. Y hacer igual con otros defectos de formato que dificultan la comprensión del mismo.

2. **La documentación de las interfaces del mismo.** Esto incluye indicar qué hace cada acción; cada parámetro de la misma; lo que retorna; y qué hace cualquier otro encapsulador de nivel superior.

3. **La presentación de los códigos de los casos de prueba.** Si no existen, el código es de la peor calidad. Pues no puede demostrar que no sea de otra manera. Cuantos más casos de prueba diferentes, con éxito; mejor calidad tiene. Si es sometido a un test de prueba por un equipo externo; o durante la fase de explotación; no debe presentar resultados incorrectos, o detener su funcionamiento por errores de codificación.

4. **Sus algoritmos son los más óptimos.** Lo que puede hacer referencia a distintos ámbitos de interés:
   a. Consume pocos recursos.
   b. Se ejecuta a gran velocidad.
   c. Permite su ejecución distribuida.
   d. Permite su ejecución en hilos concurrentes.
   e. Puede aumentar su potencia ejecutándose en múltiples instancias.

5. **Está traducida, o es traducible fácilmente, a múltiples idiomas**.

6. **Trabaja con distintos formatos locales**: fecha, hora, moneda, números, moneda, etc.

7. **Tiene un sistema automático de actualización.**
   a. Mediante el uso de mecanismos de control de versiones del código.

b. Accediendo a repositorios de notificación de que existen actualizaciones; y para descargar las nuevas actualizaciones.

8. **Utiliza un lenguaje de programación adecuado.** Lo que está sujeto a distintas valoraciones de los lenguajes de programación:

   a. Seguro.
   b. Fiable.
   c. Eficiente dentro del ámbito general.
   d. Eficiente dentro del ámbito particular.
   e. Rápido.
   f. Multiplataforma.
   g. Multitarea.
   h. Con gran capacidad funcionalidad, gracias al código ya programado disponible.
   i. Fácil de aprender y mantener. De modo que no requiera costosos especialistas.
   j. Respaldado ampliamente. De modo que se garantice su perdurabilidad.

El programador, una vez decidido el lenguaje que utilizar, debe escribir el código manteniendo unas **prioridades fundamentales**:

1. **Que sea seguro.** Es decir, que no cause problemas al ejecutarlo.
2. **Que sea fiable.** Es decir, que hace lo que se espera que haga.
3. **Que sea eficiente.** Que realice su cometido de la mejor manera posible.
4. **Que sea eficaz.** Es decir, que consiga realizar su trabajo a pesar de las dificultades que pueda encontrar.
5. **Que ofrezca toda la información precisa para utilizarlo correctamente.**
   a. Que informe de los resultados finales; de aquellos resultados intermedios que puedan ser interesantes; y de los errores que se hayan producido, si los hay.
   b. Que tenga documentación escrita indicando lo que hace; como utilizarla; lo que es cada parámetro; y toda la documentación de las encapsulaciones de nivel superior.
6. **Que demuestre que no tiene errores; o, al menos, que existen casos de pruebas que están libres de errores.**

7. **Que está traducida, o se puede traducir a otros idiomas.**

El resto de los aspectos estarían en relación con los parámetros de calidad ya mencionados. Pero no son tan prioritarios. Por lo que pueden, o no, ser exigibles; dependiendo de la calidad buscada.

En el desarrollo del software, como en otras disciplinas, **el uso de las herramientas adecuadas multiplica la productividad, y la calidad.** Por ese motivo, un buen entorno de desarrollo, y buenas herramientas de depuración, documentación del código, y generación de casos de prueba; son imprescindibles para obtener un buen resultado.

Aquellos desarrolladores que desean ponerse a prueba; reduciendo sus herramientas al mínimo posible, y buscando una austeridad espartana en su trabajo; difícilmente lograrán una calidad superior que los que utilizan las herramientas adecuadas.

Facilitar el trabajo

El desarrollo de las aplicaciones informáticas es muy complicado. Por ese motivo, se han desarrollado multitud de mecanismos para facilitar ese trabajo. La mayoría de ellas, se configuran como marcos de desarrollo, denominados, también: mainframes. Otras presentan plataformas de ejecución, como los servidores J2EE; y la definición de interfaces para trabajar con ellos, como los EJB. Y existen algunas otras soluciones, como el uso de asistentes para el desarrollo de interfaces gráficos de usuario; para la construcción de páginas Web; para la conexión con bases de datos; para la presentación de contenidos de las bases de datos dentro de parrillas, o grids; y muchos otros más.

Las soluciones con marcos de desarrollos, obligan al programador al aprendizaje de toda esa tecnología. Y no hay garantías de que sea la mejor; de que sirva para todos los casos; o que sea tan flexible como para adaptarse, totalmente, a los requisitos de las aplicaciones.

Las soluciones con plataformas de ejecución, exigen el conocimiento de su funcionamiento, y de la manera de interactuar con ellas. Sin embargo, ocultan, tantos elementos, para desvincular al desarrollador de ellos; que se producen desconocimientos en su administración, mantenimiento, y funcionamiento interno, salvo para expertos, que han tenido que hacer un gran esfuerzo para ello. Lo que genera la combinación de perfiles muy especializados, junto con otros que poseen un conocimiento parcial.

En el caso de los asistentes, presentan el código final, resultante de su uso; para que pueda ser utilizado por el desarrollador. Lo cual es una garantía de transparencia. Y da todo el control al equipo de desarrollo. Además, para entender el modo de funcionar de esos asistentes, se puede consultar el código que producen; expresado en un lenguaje de programación que les es conocido, y que no requiere de nuevo aprendizaje.

Por este motivo, **los asistentes ofrecen un acercamiento, a la construcción de código, fácil de manejar y entender.** Y son la mejor solución. Sin embargo, no suelen soportar cambios en el código generado. Y, su uso repetido, destruye el resultado previo. Por este motivo, deberían emplearse herramientas de control de versiones; para conocer los cambios entre distintas generaciones de código del asistente. O desarrollar asistentes que respeten los cambios realizados en el código que ellos producen.

Por otro lado, los programadores deben especializarse, siempre. Con el objeto de ofrecer el código de la mejor calidad posible. Estas especializaciones llevan tiempo. **Se calcula que un programador tarda unos diez años en alcanzar su máximo nivel.**

El uso de expertos evita errores y agiliza los tiempos de desarrollo. Sin embargo, debe existir una línea de evolución profesional para que los nuevos programadores puedan alcanzar, por fases, el máximo nivel de experiencia.

En función de este camino de especialización, se deben asignar responsabilidades a los programadores de acuerdo con las capacidades que han demostrado poseer. Así, por ejemplo, la programación multi.hilo es muy compleja, y precisa de un nivel de experiencia muy elevado. Algunos servidores ahorran esta tarea a los programadores. Pero existen situaciones en las que se necesitan programarlas.

Si se desarrollaran asistentes para resolver las dificultades a las que los programadores se enfrentan, la programación adquiriría una mayor calidad. Y lo mismo se podría hacer para validar el código entregado por los programadores.

Así, se podrían emplear asistentes para muchas tareas. Entre las que se encontrarían:

- La refactorización: En tareas como:
  - Los cambios de nombres de variables, funciones, clase, archivos, etc.
  - Los cambios de carpeta del código fuente.
- El control de versiones.
- La construcción de páginas Web. En cuyo caso pueden ser:
  - Asistentes completos, partiendo desde cero.
  - Asistentes para la adaptación de aplicaciones Web ya existentes.
  - Asistentes para la creación de archivos de estilo: CSS
- La construcción de interfaces gráficos de usuario de aplicaciones de escritorio.
- La generación de documentación HTML a partir de etiquetas puestas en el código. Como hacen JavaDoc, o PhpDoc.
- La creación de código para la construcción de casos de prueba. Como pueden hacerse con JUnit.
- El diseño de bases de datos.
- La validación de los nombres de archivos, clases, métodos, funciones, variables, etc.
- Los asistentes para la traducción de las aplicaciones.
- La traducción, de un lenguaje de programación, a otro.
- La traducción de formatos de datos. Por ejemplo: De XML a JSON.
- La creación de aplicaciones de instalación.
- Facilitar la portabilidad de las aplicaciones.
- La validación del estilo de programación.
- Dar formatos:
  - A los datos: Por ejemplo: generar archivos XSD, o XSLT, a partir de documentos XML.
  - A los códigos. Ajustando espacios en blanco, alineando bloques, etc.

En resumen, **el uso de asistentes, junto con la especialización; aportan unos mecanismos de garantía de la calidad del software, y aumento de la productividad, muy importantes. Al igual que otras herramientas de desarrollo también lo pueden hacer.**

Otros aspectos

El teclado es un mal dispositivo

De los dispositivos de comunicación con el ordenador, el teclado es el más importante. Y fue utilizado mucho tiempo antes de la aparición del ratón. El problema que tiene es que presenta un exceso de teclas. Lo que dificulta su utilización, y el aprendizaje de su uso.

- Se puede decir que las doce teclas de función son innecesarias. Y podrían eliminarse.

- Las teclas del panel numérico están duplicadas. Por lo que también podrían desaparecer.

- El uso de las letras mayúsculas está definido claramente en casi todos los idiomas. Se ponen detrás de: punto+espacio (.) y punto+salto_de_línea. Y en las letras de los nombres propios. El primer aspecto podría automatizarse. El segundo obligaría a marcar los nombres propios con un guion bajo a su inicio, y otro a su final: _<nombre propio>_.

  o Los procesadores de texto podrían controlar estos cambios, que podrían anularse si se pulsa: Esc, justo después de la tecla que debería provocar los cambios descritos.

  o Con esas actuaciones, las mayúsculas podrían eliminarse de los teclados. Pero manteniendo el bloqueo de mayúsculas para los casos particulares, y para el acceso a los números.

- Existen otras teclas auxiliares que se pueden eliminar, como la de pausa, o la de imprimir pantalla. Y las teclas del menú de Windows, y la de menú contextual.

Todas estas simplificaciones ayudarían a manejar el teclado con más comodidad. Además, se pueden definir varios símbolos para una tecla, mediante el uso de Ctrl+tecla, Alt+tecla y Esc+tecla. Si se ha pulsado el bloqueo de mayúsculas, entonces las combinaciones Alt+tecla se utilizaría para el acceso directo a los menús; y Ctrl+tecla para los caracteres especiales del interfaz de línea de comando, como son: Ctrl+c, Ctrl+d, o Ctrl+s; o las teclas rápidas de las algunas aplicaciones. Una vez introducida la combinación deseada, el bloqueo de mayúsculas se quitaría. La combinación Ctrl+Alt se puede simular con la tecla: Alt Gr, pero es una tecla redundante, que se debería eliminar.

La disposición de las teclas no descritas en el teclado Qwerty, dependen del idioma y de otros aspectos. Lo que hace que el cambio de teclado obligue a aprender la disposición de esos caracteres. Además, cada idioma tiene caracteres especiales añadidos. En el caso del español, los mismos son: ¿¡çÇñÑáÁéÉíÍóÓúÚüÜºª. La escritura de los mismos se puede realizar mediante la combinación de dos teclas. Pero es una solución muy incómoda. Y resulta mucho mejor utilizar las combinaciones Ctrl+<tecla del carácter especial>, Alt+tecla y Esc+tecla. Los demás caracteres, como los signos de puntuación (.,;:'_"'()[]{}<>=+-*/%\@#&|~¬·!?), se deberían normalizar internacionalmente. De modo que estén en el mismo sitio en todos los teclados.

Otro problema de los teclados es que no están adaptados a los distintos tamaños de manos. Y, por tanto, resultan más cómodos para unas personas que para otras. Deberían definirse tres tipos de teclado, por ejemplo: S, M y L (pequeño, mediano y grande); adaptado a rangos de tamaños de manos determinados.

El teclado de segmentos

Podrían definirse otras modalidades de teclado, como son los teclados de segmentos. Donde las teclas representan partes de los caracteres. Así existirían 16 teclas que agruparían fragmentos de caracteres, números y signos:

amt 7 +"&	pqr 8 *'|	novx 9 :@$	<u>Ctrl</u>
cgz 4 -<[	biky 5 ∠>]	fh 6 .\\!	**Alt**
der 1 %({	jl 2 ^)}	suw 3 _?	*Esc*
<espacio> 0 ;=#	*< cambio+ >*	*< cambio- >*	*Bloq.*

La tecla <cambio+> daría acceso a una configuración de teclas distinta, <cambio-> haría el cambio en el sentido contrario. Así pues, un cambio daría acceso a los caracteres particulares propios de los idiomas. Y, si hubiera muchos, otros cambios darían paso a los otros.

Las letras precisarían de dos pulsaciones: las vocales dos pulsaciones en la misma tecla; las consonantes, una pulsación en su tecla, y otra en su tecla secundaria. Así, las combinaciones de una cuadrícula de 9 puntos, daría lugar a las letras siguientes:

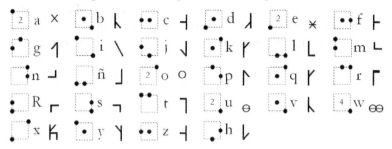

Este teclado podría ser muy rápido, si se aprende bien. Y se puede manejar con las dos manos, o manejarse un teclado para cada mano.

El ratón es un mal dispositivo

La idea de que un puntero en la pantalla señale los elementos de trabajo es una proyección de la idea de que un dedo apunte a objetos, para luego trabajar con ellos. Sin embargo, una vez situado sobre el elemento deseado, un botón es insuficiente para realizar todas las operativas posibles: seleccionar, accionar, consultar opciones, arrastrar, etc. Por lo que se le añadió un botón adicional, y una codificación para los botones, donde surgió el doble-clic para darle una segunda operativa al botón. Pero este doble clic es complicado para los nuevos usuarios, por lo que es una mala solución. Además, cuando se ha querido simular en las pantallas táctiles, se ha tenido que recurrir a una temporización sobre el elemento, lo no es buena idea, pues obliga a detener el ritmo de trabajo, a la espera de que sea identificada una orden; originada en una pausa prolongada.

Físicamente, el ratón debe desplazarse sobre una superficie. La cual, debe tener ciertas características; si está muy pulida, no funciona bien. Por lo que se le pone una alfombrilla. Arrastrar el puntero es muy estresante, pues con la acumulación de pequeños fallos, acaba alejándose de la superficie de uso. El ratón, además, no se integra bien en los ordenadores portátiles, a pesar de que se han creado métodos sustitutivos para él.

Sin embargo, el uso del puntero del ratón es cómodo. Por lo que no debe abandonarse. Tan solo sería necesario encontrar métodos de localización del puntero más eficientes. Como puede ser el uso de un puntero, como un lapicero, que fuera leído al estar unido a una extensión mecánica, o que fuera detectado por otro mecanismo, semejante al que utiliza una tableta digitalizadora. O como puede ser el uso de una bola, ajustada en un elemento inmóvil. Mover la bola, sería equivalente a desplazar el ratón por la alfombrilla. Pero tiene la ventaja de que no precisa de espacio adicional para mover el puntero.

www.ingramcontent.com/pod-product-compliance
Lightning Source LLC
Chambersburg PA
CBHW071225050326
40689CB00011B/2462